Mysterium Australis

III

Le Retour des Templiers

Karma Chrétien, Service Public et Futur de l'Occident

Héraclès Harixcalde

Tome 3

Mysterium Australis

Le retour des Templiers

Karma Chrétien, Service Public et Futur de l'Occident

1ère édition

En application de l'art. L.137-2.-I. du code de la propriété intellectuelle, toute reproduction et/ou divulgation de parties de l'œuvre dépassant le volume prévu par la loi est expressément interdite.

© Héraclès Harixcalde, 2025

Édition : BoD · Books on Demand, 31 avenue Saint-Rémy, 57600 Forbach, bod@bod.fr
Impression : Libri Plureos GmbH, Friedensallee 273, 22763 Hamburg (Allemagne)

ISBN : 978-2-3225-7775-0
Dépôt légal : Juin 2025

« Je suis le problème et la soluce, j'ai le totem et l'œil d'Horus. »

VALD

« Memento mori. » (Rappelle-toi que tu vas mourir)

Inscription au sol, South Leith Church Parish, Ecosse

« Une civilisation qui fait la guerre, divise en classes et hait les races n'est pas le produit d'un seul homme, mais de tous les hommes. Aucun homme ne peut dire : "Je suis bon, donc je ne l'ai pas créée." »

Lao Russell, Dieu travaillera avec vous mais pas pour vous.

« La normalité est un chemin pavé : il se suit aisément mais aucune fleur n'y pousse. »

Vincent van Gogh

« Quand le merle voit les vendangeurs entrer dans la vigne, il s'étonne surtout de les voir qui n'ont pas, comme lui, peur de l'épouvantail. »

Jules Renard

Préambule

Dans ce dernier opus de Mysterium Australis, en me basant sur mon expérience personnelle et les enseignements des précédents ouvrages, je vais tâcher d'exposer tous les fils invisibles qui régissent l'occident et empêchent son entrée dans le nouvel âge d'or. En effet, si à échelle individuelle il semble à tout un chacun que nous soyons dans le vrai et à l'apogée de la civilisation, grâce au progrès technique et à l'IA dans un occident « judéo-chrétien », on est en droit de se le demander en regardant les fruits que nous avons porté ces 50 dernières années en termes d'architecture, d'artisanat, de couture et de coutumes, conséquence principalement de la vénération d'un nouveau veau d'or qui pousse tout un chacun à poursuivre le fruit plutôt qu'à faire pousser la branche...

Nous trouverons ici tout d'abord la fin de l'Apocalypse de Logan, avec la dernière partie du tome 2 qui clôture les révélations sur mon ascendance (Logan de Restalrig) et conte mon road-trip au « Royaume-Uni » à bord d'un camper van Volkswagen bleu chromé de Londres à Edimbourg, de ma découverte du secret des templiers, de mes échanges avec Abraxas, Hélios, ou avec cet être qui communique par symboles et synchronicités... Le lecteur comprendra ici quel fut le rôle de la couronne anglaise avec la complicité de la franc-maçonnerie spéculative et de l'église reformée dans la mise en place du système de la toile de contrôle global que nous avons déjà abordé maintes fois. Attention, nous sommes ici aux bords du monde, et on traite de la construction même de la réalité. Je me contenterai de conter les faits ici dans le même style que le Tome 2 et on approfondira les concepts et apportera des pistes de compréhension dans la deuxième partie, car tout ceci risque de sembler abstrait et effrayant pour un public non averti et non éduqué dans la théologie, le mysticisme et l'ésotérisme.
Je vais tacher de vous montrer que du fait d'un design originel quelque peu pervers du christianisme et de multiples modifications du dogme, d'un corpus biblique fouillis et mal traduit, de multiple scissions et conciles œcuméniques, que nous nous trouvons au bout du bout de l'âge sombre (ou kali yuga), qui est en fait un âge régi par le Diable pour ce que nous avons abandonné l'étude du langage

de Dieu qu'était le grec ancien, et que l'âge d'or peine à démarrer du fait des sales histoires qu'on raconte sur l'Apocalypse. Car ce sont avant tout les histoires qu'on se raconte qui régissent le monde, et on pourra aisément comprendre les déséquilibres pervers que peuvent connaitre une société qui a abandonné parents et enfants à la télévision... qui contrôle encore aujourd'hui en grande partie notre réalité. Comment y subvenir ? Organiser un autodafé de nos écrans télévisés ? Vous verrez que le Diable en a plus qu'assez de ses diableries et que c'est lui-même qui complote pour ressusciter les anciens Dieux, ou les archons, qu'il faudra que chacun de nous reconnaisse et endosse sa part de responsabilité, les fautes qui lui incombent, tout en acceptant la part d'ombre qui nous caractérise tous, le serpent, le noûs qui croit dans l'ombre à chacune de nos actions et qu'on ne doit plus ignorer, et ainsi peut-être que Zeus passera-t-il le relai à Dionysos.

Comme tout est relié, c'est le propre de la religion, et que les organisations religieuses sont avant toute chose des organisations, c'est-à-dire des groupements d'hommes hiérarchisés, je vais étendre le domaine d'étude a celui de l'organisation sociétale dans son ensemble, et à la France en particulier car c'est l'exemple que je connais le mieux et qu'il peut être plus ou moins transposé au Royaume-Uni, à l'Australie et au Canada qui sont les derniers bastions de l'âge sombre, et dont les problèmes trouvent leur source avant tout dans la bureaucratie abusive et un manque de leadership. J'en profiterai pour proposer la seule solution qui me parait viable pour sauver ces états et notre civilisation sur le long terme, ce qui prendra une bonne vingtaine d'années à mettre en place mais insufflera certainement une nouvelle énergie à ces sociétés qui se sentent visiblement déjà noyées.

Dans l'optique de toucher un large public, et parce que la modernité nous offre la possibilité de vérifier nous même les sources, je conserverai mon style habituel et éviterai de tomber dans l'étude universitaire en me contentant de citer les sources et les auteurs dans le texte, pour me placer dans une subjectivité qui je pense parlera au plus grand nombre, et parce qu'encore une fois, j'écris dans l'urgence.

Table des Matières

Livre I – L'Apocalypse de Logan (suite et fin)

Partie 4 - Road-trip initiatique en Ecosse..............p.11

Livre II – Le Retour des Templiers

Partie 1 – Problèmes spirituels et solutions p.63
Dieu, l'irrationnel et le druide
Genèse et philosophie hermétique
Giordano Bruno, bûcher et Apocalypse
Comment fonctionne la mystique ?
Introvertis, Schizophrènes, Bipolaires : pauvres mages
Les pigeons et les mouettes
La famille Espagnole pour réparer la mystique
Comment on s'occupe des vieux ?
Comment on célèbre nos morts ?
L'Islam
Le Judaïsme et l'antisémitisme
La Franc-Maçonnerie Spéculative
Femmes seront femmes quand hommes seront hommes
Trésor Templier : fréquences saines, secrets de fabrication
Jésus Christ = un bouddhisme occidental ?
Eglise Celtique et Christianisme décentralisé
Le Graal : et si c'était Logan de Restalrig ?
La couronne anglaise a (encore) tué le Christ
Un bouillon électromagnétique de mauvaise qualité
Les Tailleurs de pierres forgent les âmes
Christianisme : Paradoxe du Vatican et nouvel âge d'or
Marie, Isis et Sophia
Libérer le Karma chrétien ou disparaitre
Tirer un trait sur le passé et pardonner
Veritas, Sacrificas, Immortalitas, Libertas
Le besoin d'une tradition Orale Grecque vs. Kabbale juive
Henry IV et son château (Interlude)
Plérome, nouvel éon et pierre philosophale
Conclusion : Templiers pour Serpent à Plumes

Table des Matières

Partie 2 – Problèmes organisationnels et solutions p.118
    Saint Germain en Laye, Le Laurain et Napoléon
    Le clivage droite / gauche
    COVID19 : conséquences réelles d'une pandémie imaginaire
    Le parfait exemple : la ville de Pau
    Petit mode d'emploi de la Stasi
    L'exemple Britannique
    L'Occident subverti et le discret péril jaune
    Services sociaux et ASE
    Les syndicats mafieux et le mauvais exemple de la SCNF
    Le Diktat environnemental
    La Bureaucratie parasitaire
    La préfecture
    Le Code Civil et le droit
    Le conseil supérieur de la magistrature
    La punition et la peine de mort
    Le financement des ONG
    Service militaire et élite de conscience
    Villes anciennes vs. Villes modernes
    La Franc-maçonnerie opérative
    Frontières, intégration et « Nationalisme Social »
    Retour de l'artisanat et cultures locales
    Le Potlach et la foire au village
    Régler le problème monétaire
    Régler le problème comptable
    Une solution : la monarchie opérative
    Conclusion : Trop de services publics tue le service public
    Conclusion générale

Livre 1

L'Apocalypse de Logan

Comment pêcher un Léviathan ?

(Suite et fin)

Partie IV

Road-trip initiatique en Ecosse

Verbe ambivalent, que Dieu rassemble

Le Logos fut fendu comme un germe ;
Dans le silence, l'Un fut déchiré.
Une Voix naquit de la Douleur
Et une Musique de la Chute,
Fil rouge dans le Chaos.

Chaque lettre est lambeau de feu,
Chaque son est souvenir.
Par la déchirure,
Le myste pénètre vers l'indicible ;
Le brisé devient une clef et
L'Antilogos un bien suprême.

Le Logos comme l'éclair, divise et éclaire.
Ne fuis pas la contradiction ;
en elle se cache Dieu.

Λόγος δυόφων Θεῶν ἀγορήν

Ὁ Λόγος ἐσχίσθη ὥσπερ σπέρμα·
ἐν σιγῇ ἐσπαράγη τὸ Ἕν.
Καὶ φωνὴ ἐγεννήθη ἐκ πόνου·
μουσικὴ ἐκ πτώσεως,
μῖτος ἐκ χάους.

Ἕκαστον γράμμα πυρὸς ῥάκος,
ἕκαστος φθόγγος ἀνάμνησις.
Διὰ τῆς διακοπῆς,
ὁ μύστης εἰσέρχεται πρὸς τὸ ἄρρητον·
Τὸ σχισθὲν γίνεται κλείς·
ὁ ἀντίλογος ἀγαθόν.

Ὁ λόγος ἐστιν ὡς ἀστραπή· διαιρεῖ καὶ φωτίζει.
Μὴ φεῦγε τὴν ἀντίφασιν·
ἐν αὐτῇ κρύπτεται ὁ Θεός.

Logos Dyophon Theon Agoras

Ho Logos eschisté hospér spérma;
en sigeé esparagé to Hen.
Kai phoné egennéthé ek ponou;
mousike ek ptoseos,
mitos ek chaous.

Ekaston gramma puros rhakos,
ekastos phthoggos anamnesis.
Dia tes diakopes,
ho mustēs eisérchetai pros to arréton;
To schisthen ginetai kleis;
ho antilogos agathon.

Ho logos estin hos astrape; diairei kai photiozei.
Me pheuge ten antiphasin;
en autée kryptetai ho Theos.

29

Je ne comprends pas les voyageurs qui usent du monde comme d'un divan, et infligent à la route l'insulte d'en faire la thérapeute de leurs névroses.

Sylvain Tesson

Une pelle et un pied de biche dans mon sac en bandoulière, j'étais garé aux abords du Lochend Park à Edinburgh, et j'attendais patiemment à l'arrière du Volkswagen Transporteur de location bleu chromé que le balancier régulier où le soleil descendant laissait place à la lune suivisse sa course. Je n'avais eu que peu de sommeil ces derniers jours, mais mon soma était au beau fixe. Il semblait que j'étais bel et bien réparé car je n'avais pas souvenir de jamais m'être senti si bien, tout rechargé d'un mana dont je ne connaissais autrefois pas les secrets...

Je réfléchissais à des choses et d'autres et à comment je pourrais bien formuler sereinement les semaines de voyage qui venaient de s'écouler et qui m'avaient semblées hors du temps et dictées par la providence plus que par un planning rigoureux, comme ceux que j'avais pu faire en mes jeunes années en couple dans la préparation minutieuse d'un voyage à durée limitée, et désormais la vie m'apparaissait comme un voyage sans fin. Je prêtais une oreille attentive au frigo, ou à la batterie, ou à je ne sais quel équipement électrique du van qui s'activait à intervalles réguliers pour aiguiller mes pensées, et j'en étais venu à la conclusion que ce van de location défectueux était en quelque sorte l'intermédiaire divin, le daimonion ou le daimon, celui que décrivent Sophocle et Platon dans leurs récits et qui les aident, dans leur divine folie, à prendre d'importantes décisions...

J'avais acheté le pied de biche et la pelle dans un magasin de bricolage du nom de Screw Fix aux abords du parc, et je venais de faire une réserve de lentilles, de gingembre et de betteraves car à l'approche de l'heure fatidique de la découverte du trésor, j'avais été averti par information push que tout le nord-ouest de l'Espagne, qui est par ailleurs très dépendante des énergies renouvelables et qui est restée hors du marché européen des énergies, venait de connaitre une coupure de courant massive, du fait très probablement d'un piratage informatique. Flairant la chute et la généralisation des coupures de courant à toute l'Europe, comme je l'avais mentionné au vendeur de Screw-Fix, j'entrevoyais une période de chaos suivie d'un retour au Moyen-Age qui pour tout dire me réjouissait un peu. J'avais en tête les scènes d'entraide, la foire du village, les saltimbanques, la communauté, les veillées nocturnes à la lumière des cierges et des flambeaux, les rencontres originales et un quotidien qui n'est plus celui de la routine habituelle où des gens endormis se laissent transporter sur des tapis roulants dans des gares trop peuplées.

Par précaution, j'achetais tout de même des lunettes de protection et un masque à gaz, précaution acquise à l'occasion des feux de forêt de la côte est australienne avec MT, masques qui étaient alors devenus soudainement très précieux... A Pau, il m'avait déjà été donné de constater des coupures de courant très étrange, des flashs sans électricité, et des coupures plus longues qui n'avaient jamais vraiment été justifiées et qui ressemblaient à celles qui pourraient survenir si on laissait un enfant ou Macron face à un gros bouton rouge en lui disant : « surtout, tu n'appuies pas sur ce bouton ». Cette coupure-ci était plus importante, elle affectait sérieusement les transports et je recevais des messages sur mon cellulaire qui indiquaient déjà que les transports français, à mon retour, en seraient affectés. Chose qui n'est pas inhabituelle entre cheminots et grèves des transports publics, tout compte fait.

Malgré cet évènement inhabituel, j'étais persuadé que Dieu m'avait indiqué l'emplacement du trésor des Templiers et rien ne pouvait me détourner de mon objectif. Bien que j'eusse déjà subodoré que ce trésor n'était pas celui que l'on croyait, fait d'or et de rubis, je nourrissais encore l'espoir secret d'une récompense divine pour les épreuves traversées, Ô orgueil quand tu nous tiens, d'une sorte de cadeau instantané comme j'en avais reçu quelques-uns au cours de mon voyage.

Lochend Park se trouvait dans le quartier de Restalrig à Edinbourg, un quartier au pied du Holyrood Park qui sert de fond d'écran à la ville d'Edinbourg, dont on apercevait, où que l'on se trouva, la végétation vert-jaune et rocailleuse caractéristique. A l'entrée du parc se trouvait une plaque qui fut le seul endroit où j'avais pu trouver mentionné le nom de Logan de Restalrig ces deux dernières semaines. Au milieu du parc était un Loch et sa vieille pompe qui servaient jadis de source d'eau principale à la ville, avant que ne s'étende considérablement celle-ci et que la pompe ne soit décrétée insuffisante. D'après les rumeurs, ce Loch était sans fond, on avait essayé d'y jeter des objets lestés afin d'en déterminer la profondeur, mais on ne parvint jamais à les retrouver. Au milieu du Loch les branchages d'arbres aquatiques reprenaient petit à petit leurs droits, les canards et les oies s'y frayaient leurs chemins, toujours prompts à m'indiquer de leurs cris ma bonne ou ma mauvaise direction. Surplombant le parc on trouvait le Lochend Castle, qui fut autrefois nommé le Restalrig Castle et il ne restait du château original à vrai dire qu'un seul bâtiment, c'était la façade qui donnait sur le parc, à quelques 10m au-dessus d'une paroi rocailleuse qu'on pouvait facilement escalader.

Cet après-midi-là, lors de mon repérage et de ma collecte de données, j'avais escaladé le mur, puis je m'étais rendu compte que l'accès au parc y était libre, et je m'étais décidé à me présenter à la porte pour savoir s'il était possible de faire une visite, et je m'approchais tranquillement en faisant un signe de main ouverte à l'homme qui se trouvait là. Il semblait que le lieu fut occupé par des résidents d'origine diverses, et je fus reçu par un homme qui se présenta comme un Espagnol avant de me dire qu'il venait de Maurice, et qui lorsque je lui demandais si je pouvais faire une visite, me menaça en m'indiquant les caméras. Je lui demandais quel était ce lieu et qui le gérait, et j'appris que c'était désormais un centre d'hébergement pour enfants et étrangers, géré par Cameron Guest House Group. Je comprenais qu'ils ne souhaitaient pas que de sombres inconnus ne s'approchassent trop des enfants, mais je regardais une dernière fois les caméras qui me semblaient être de ces vieilles caméras factices bon marché, celles qui sont installées comme épouvantail plutôt que celles qu'on trouve partout ailleurs au Royaume-Uni et connectées à une centrale, et je ne pus m'empêcher de penser à Saruma… Une rapide recherche sur cette organisation m'avait confirmé mes soupçons : c'était encore une pompe à fric du gouvernement et ses dirigeants avares se vautraient dans les richesses inutiles.

Je me séparai poliment de l'employé et repartis sans faire trop de vagues, m'en retournant sur la falaise à l'arrière de la bâtisse et je trouvai là, à mon grand étonnement, couché à 75 Degrés de manière très inconfortable entre des arbustes sur un tapis de feuilles, un homme tout ce qu'il y a de plus normal, un Écossais, que j'interpelais de manière un peu surprise sur la raison de sa présence. Il me répondit tout d'abord qu'il essayait de dormir, mais il était 14h et sa réponse ne me satisfaisant pas, j'insistais en riant un peu : « Mais que fais-tu là ? ». Il me confessait finalement qu'il s'était enfui de sa femme et qu'il prenait du repos, ce qui m'avait nécessairement attiré sa sympathie. Je me présentais : « Je suis Logan de Restalrig, ceci est mon château. Ils l'ont transformé en centre d'accueil pour migrants. Ça ne vous dit pas qu'on le prenne d'assaut ?». Et il me répondit un truc du style, « ahh les salauds ». Je repérais une fenêtre à l'arrière dont l'enduit sur les carreaux était frais et je décidais d'enlever proprement un carreau afin d'ouvrir la fenêtre de l'extérieur et de jeter un œil sur ce qui se tramait à l'intérieur. Mais l'espagnol, sur le qui-vive, aussitôt que je touchais le carreau accourut à la fenêtre et me menaça d'appeler la police ; je lui rétorquais que je ramassais juste quelques cailloux sur la falaise, que j'étais collectionneur, et que cette bâtisse ancienne était celle de mes ancêtres, et il retorqua que la bâtisse avait 100 ans, ce que je m'empressais de corriger en lui affirmant que c'était beaucoup plus vieux que ça, et cette scène, entre l'Espagnol de l'île Maurice et le dormeur Ecossais commençait à devenir tout à fait absurde, donc je me décidais d'oublier le château, pour le moment tout du moins.

Je redescendais aux pourtours du lac et recommençais à suivre les signes… qui m'amenèrent au pied d'une autre falaise, sous un grand platane ou se trouvait sur un monticule de terre trois plaques d'amiantes qui m'avaient suggéré que c'était là qu'était enterré le trésor. Pourvu de l'information essentielle, j'étais retourné au van dans l'attente du soir.

Après une sieste et quelques divagations, de retour au monticule j'installais ma lampe et m'assurais que personne ne m'avait suivi. Dans l'après-midi, de nombreux passants me posaient des questions inhabituelles. Ce lieu était aujourd'hui entouré de logements sociaux et autres lotissements, et si certains avaient leurs habitudes de balade de santé dans ce parc pour la joie de la nature, il semblait que d'autres que moi avaient réduit le cercle de recherche et notaient tous passages inhabituels, ou tentaient de soutirer de l'information à propos d'un potentiel trésor à toutes têtes inhabituelles qu'ils pouvaient croiser là.

Quand on se lance dans une chasse au trésor, il y a deux prérequis essentiels : être très sûr de ses instincts, et aimer creuser. Je commençais donc à creuser le monticule, et je creusais dans le noir pour 1 mètre, et je ne trouvais rien. Aurais-je été floué ? Mon daemon s'était-il encore moqué de moi ? Dans le noir, il était difficile de distinguer quoi que ce soit... les pierres semblaient être de simples pierres, mais était-ce certain ? Dans le doute, je remplissais la sacoche Ubereats carrée que j'avais trouvé peu avant, très pratique pour me servir à la fois de couverture en me faisant passer pour un livreur et de transport pour le butin. Prenant une pause après une heure à creuser avec ma petite pelle de camping, je commençais à douter du bien fondé de mon entreprise, et que c'était peut-être là mon côté français que de croire aux trésors comme l'avaient fait les militaires Français de La Pérouse de la première expédition vers l'Australie, dont la carte fut dessinée par un proche de la couronne Anglaise et indiquait des trésors enfouis sur des iles avoisinantes, dont l'appel de convoitise fut irrésistible et en résultat de quoi les français étaient arrivés trop tard pour revendiquer le territoire Australien... laissant ainsi la place à l'expédition des bagnards britanniques. La marche du monde ne tenait peut-être qu'à de petites erreurs, bien que j'en doutais et qu'elle me paraissait plutôt d'un fin design. Je recommençais à creuser, un deuxième mètre, et ramassais quelques échantillons de cailloux supplémentaires. Je commençais enfin à sentir les pourtours d'un objet, et je pensais immédiatement à un coffre, comme ceux dont j'avais le souvenir dans mes parties de *Return from Monkey Island*, et dont mes aventures, à bien y repenser en prenaient quelques allures...

Je creusais tout autour de la forme, longue et rectangulaire, quelques 1.5m de longueur pour 30cm de côté, d'un poids avoisinant les 70 kilos et je percevais de plus en plus qu'il ne s'agissait pas d'un coffre mais d'une pierre. Je notais sur la pierre quelques signes comme il m'était arrivé d'en voir sur les pierres des églises, signes qui ressemblaient à ceux des Vikings, ou des Egyptiens, et permettaient de reconnaitre l'auteur de la pierre taillée, pour blase et paiement.

Je plaçais une souche d'arbre à côté de la grande pierre et avec le pied de biche j'exerçais un levier afin de sortir le trésor de terre, dans ce trou de 2m sur 2m. Le trésor, une grande roche, était la même roche que celle utilisée dans le couronnement des rois d'Ecosse et qu'on nomme pierre de destinée, une pierre en sable rouge. Je l'avais vu à Perth, celle qu'ils exposaient. On disait que c'était la pierre de Jacob, ou l'oreiller du Jacob de la Bible. La pierre avait une longue histoire, et récemment Charles III l'avait fait venir d'Ecosse jusqu'à Westminster pour son couronnement, car il fallait qu'il s'asseye dessus, ça prouvait qu'il était roi d'Ecosse. Pendant longtemps la pierre fut d'ailleurs gardée à Westminster, jusqu'à ce que dans les années 50 des étudiants indépendantistes Ecossais ne s'organisent pour la voler et la ramener en Ecosse, cachée puis déposée dans un château en ruines, l'abbaye d'Arbroath, pour enfin être exposée au musée de Perth. Au début du siècle, à deux reprises des femmes socialistes avaient tenté de la faire exploser, et c'avait fini par la casser en deux. C'est dire la puissance d'un symbole attaché à un vulgaire caillou. C'était LE caillou. Après tout, comment prouver que la pierre exposée à Perth était vraiment l'oreiller de Jacob, d'après moi, si elle était quelque part, c'était caché sous terre jusqu'au retour de Restalrig. Logan de Restalrig l'avait toujours eu en sa possession, l'autre pierre, elle était fausse. Le 7e Logan de Restalrig à la fin du XVIe, sachant qu'il était dans la panade avec la couronne anglaise avait pris ses précautions et distribué autant que possible sa fortune à ses proches, et il avait caché la pierre de destinée ici, pour que son futur descendant la trouve.

Après avoir usé de toutes mes forces pour extraire cette pierre du trou, fatigué, je m'étais assis sur la pierre 5 minutes, avant de me rendre compte qu'il était déjà près de minuit et que mon train partait de Londres à 14h. Relativement satisfait de ma trouvaille, je prenais le chemin du retour. Les poches vides et le cœur plein.

30

- *Solomon : « La vie est tellement plus facile à vivre quand on est mort. »*
- *Tommy Shelby : « Je continuerai jusqu'à ce que je trouve un homme que je ne peux pas vaincre. »*

Peaky Blinders

Après avoir publié le tome 2 de Mysterium Australis, j'avais décidé de passer quelques jours à Paris avant le road trip en Angleterre, dans un appartement qu'un ami en vacances m'avait laissé, dans le 18è arrondissement, et je ne savais pas encore que la suite de l'initiation eût déjà commencée.

J'en avais profité pour faire le tour des librairies où je laissais mes livres en dépôt vente et pour aller consulter quelques livres rares dans les bibliothèques nationales. Je commençais par la bibliothèque de l'Arsenal, au croisement de rue de Sully et rue Henry IV. Ambiance studieuse et formelle, sans fioritures mais solennelle, après avoir été accueilli avec méfiance du fait de mon Kilt, ils confectionnèrent très aimablement une carte de bibliothèque lorsque je leur lâchais le nom de « Gabriel Naudé », l'ancien bibliothécaire de Mazarin dont j'avais fait récemment la connaissance d'un descendant. Les bibliothécaires, c'était eux l'état profond pensais-je.

Le livre que je cherchais n'était pas là malheureusement, mais je le constatais en rayon à Richelieu, et m'y rendais aussitôt en métro. Une bibliothèque très grandiose et bien fournie trône là sous le regard d'une statue de Molière, extrêmement fréquentée pour son architecture et studieuse par sa quantité impressionnante de livres et de salles d'étude, pour consulter le livre de théologie qui apparaissait bizarrement au rayon « Monnaies ». Malheureusement, le livre était en réserve et les grèves rendaient l'accès aux stocks impossible, mais on m'indiquait que le livre fut en rayon à la bibliothèque de François Mitterrand.

En sortant de la station Francois Mitterand, l'esplanade du quartier moderne était vide ce samedi-là. La bibliothèque, bâtiment conçu comme deux livres de béton ouverts posés dans un trou de végétation, rimait avec les forêts et espaces verts qui poussaient désormais sur la grande place de l'hôtel de ville et d'autres, car depuis les baies vitrées intérieures on pouvait apercevoir, par endroits à travers la condensation, une nature artificielle plantée en contrebas au centre de l'édifice. Paris était devenu une jungle, on pouvait même s'y baigner dans la rivière. Plus il y a d'espaces verts, plus il y a de jardiniers, après tout. Malgré les grèves de certains travailleurs, principalement des jeunes, la bibliothèque était largement fréquentée par des étudiants préparant leurs épreuves diverses, et il était difficile d'y trouver la moindre place de libre car elles avaient toutes été réservées, par précaution probablement si je me rappelle bien mes années d'étude et mes changements d'humeurs de dernière minute, donc je me décidais à m'asseoir à un poste libre afin d'y effectuer ma recherche rapide, à la sauvage.

Je scannais ma carte mais le logiciel semblait ne pas me permettre de réserver le livre, et une gentille employée voyant mon désarroi s'approcha pour m'offrir son aide. Tout d'abord, elle m'annonça que le livre ne serait pas accessible, avant de se rétracter et de m'annoncer le contraire, car il fallait qu'elle vérifie quels étaient les rayons concernés par la grève, rayons qui lui eurent été communiqués l'heure précédente par courriel, les codes des rayons ne signifiant pas grand-chose ni pour moi ni pour elle d'ailleurs, elle avait par chance une table de correspondance afin de traduire le code du rayon. Elle annonça avec regrets que le livre se trouvait au rayon chercheur, mais je lui retorquais gaiement que j'étais moi-même chercheur, accès chercheur obtenu par name dropping. Elle me réserva une aile du rayon chercheur, mais une aile différente de celle où se trouvait le livre, et m'indiqua vaguement comment accéder à l'étage de recherche, au fond par l'escalator.

Arrivé au fond, je tournais à droite et franchissais un tourniquet vitré, et me retrouvais sous un escalator ascendant sur la terrasse extérieure, et continuais la traversée de la terrasse en recherche de l'escalator descendant, cherchant la porte pour ressortir de la terrasse par l'autre côté, porte qui n'existait pas. J'opérai un demi-tour et franchissais le hall, scannais ma carte à un tourniquet et passais une porte close qui menait aux escalators descendants, où dans la longue descente vers le rez-de-jardin on pouvait admirer l'architecture brutaliste, le gris béton, les décorations de filets noirs pendus aux murs presque communistes, avant d'arriver à un poste de garde. J'avais un ouvrage réservé et ma carte scannée me laissa franchir le portillon. Cette bibliothèque n'était pas la 8è merveille du monde, mais peut-être tout cela était-il nécessaire afin d'éviter un incendie à l'Alexandrie pensai-je.

Je cherchais mon numéro, et m'adressais à la dame qui arborait au cou une croix qui semblait être une croix celtique, mais elle ne savait pas vraiment après l'avoir questionnée, et qui m'annonça finalement, qu'une fois encore, le livre ici aussi était en réserve, contre l'avis du logiciel. Elle se démena et fournit un gros effort pour contacter le stock et voir si quelqu'un ne pouvait pas accéder au rayon, mais étant donné que mon livre n'était pas alloué à ce rayon-ci, erreur de la personne précédente, elle ne pouvait intervenir sur le livre d'un autre rayon, et me recommanda de tenter ma chance au rayon correspondant... Elle m'apprit que le livre en question, La Virga Aurea, se trouvait aussi à la bibliothèque municipale de Chartres, mais il était un peu tard pour Chartres bien que j'eusse aimé en voir la cathédrale templière, et elle me proposa finalement un livre en version PDF payant, sur SCRIBD qu'elle avait trouvé sur Google. Je me resignais finalement à abandonner la consultation du livre pour le commander sur Amazon...

Bredouille du livre, par chance ils avaient là une exposition sur l'Apocalypse, et gratuite qui plus est du fait de la grève, comme quoi c'avait parfois du bon. L'exposition bien fournie présentait des œuvres et représentations diverses de l'apocalypse, des vidéos d'explosion et du feu qui descendait du ciel, car c'était ainsi qu'on la concevait et c'est ce qui était resté dans l'esprit de la majorité des gens. Je notais la présence de l'original du Beatus de Saint-Sever, ce superbe manuscrit enluminé du XIe siècle, et ses représentations imagées me paraissaient bien plus mesurées et positives que celles qu'on pouvait représenter ailleurs et plus récemment, faites d'un bel équilibre des bleus et des rouges, du triomphe contre le Léviathan et présentant notamment une magnifique gravure d'un combat entre le paon et le serpent.

Cette vision avait engendré chez moi une sorte d'atê, provocation divine qui m'empêchait de me concentrer sur autre chose que les images précédentes. Ce combat entre paon et serpent n'était-il pas le combat perpétuel de l'individu comme du groupe, n'était-ce pas dans le contrôle du serpent par l'oiseau plutôt que dans son meurtre que pouvait perdurer la société ? L'oiseau pouvait-il triompher du serpent quand le serpent se reproduisait plus vite que lui ? Est-ce qu'on n'avait pas dénaturé le symbole du serpent ces 2000 dernières années, après tout, chez le serpent aussi il y avait vipères et couleuvres, l'une empoisonne, l'autre soigne…

Sur le chemin du retour les pensées se bousculaient dans ma tête, comme un nouveau champ de bataille spirituel prenant place en mon esprit, fait d'incertitudes, de questions et de vérifications sur la nature profonde de mes désirs. Je m'arrêtais, comme mécaniquement, dans une épicerie pour acheter, chose très inhabituelle depuis mon retour de Chine, une soupe de nouilles chinoises, de celles les plus piquantes et à l'emballage dissuasif.

Je recevais sur mon téléphone plusieurs notifications : ma mère m'écrivait, me disait que je devais engendrer une descendance. Je reconnaissais son importance dans le développement de ma psyché ; j'acquiesçais et la remerciais pour tout ce qu'elle avait sacrifié dans l'objectif de nous engendrer ma sœur et moi. Ensuite ; je la tuais en lui disant que j'étais seul maître à bord ; et que si elle était en droit de me fournir ses avis de mère au foyer alimentée par la télévision, elle n'aurait plus jamais le dernier mot dans des décisions que je devais prendre moi-même. Tel était le sacrifice assez mal reçu que je venais de faire de ma mère, qui finalement se tut et se resigna à reconnaitre que c'était la seule solution pour engendrer le futur.

Je reçus ensuite plusieurs notifications YouTube : une vidéo de la rencontre entre Tommy Shelby et Solomon, après que celui-ci fut laissé pour mort, abattu d'une balle dans la tête par Shelby, et qu'il eut acquis une sorte de statut de quasi-divin auprès de la communauté juive ; le veinard pouvait désormais agir dans l'ombre et s'occuper de son chien ; Tommy Shelby devait agir, c'est ce qu'il faisait de mieux après tout, mais une trêve était signée entre mafia juive et irlandaise.

Je reçus ensuite une notification sur Krishnamurti. Dans un parc, entouré d'oiseaux il expliquait comment observer son âme pour atteindre la paix intérieure. Ses paroles raisonnaient avec le chant des oiseaux : il émanait de lui une lumière invisible que pouvaient toutefois percevoir les oiseaux, comme aux premiers rayons de l'aurore et au sortir d'une longue et sombre nuit. Un interview de Céline s'ensuivit ; il rayonnait d'autant plus avec la nature.

Enfin, c'était une vidéo aléatoire de Rencontre avec Joe Black ; je venais de préparer ma soupe chinoise extra piquante et j'étais installé alors que se déroulait sous mes yeux cette sorte de passation entre un magnat de la presse Anthony Hopkins, et la mort, jouée par Brad Pitt, sorte d'entité sous forme humaine arrivée sur terre et dont le rôle était de l'emporter, mais dans un élan de curiosité pour la race humaine, il lui demandait de lui enseigner le comportement humain ; la mort voulait faire un séjour sur Terre, peut-être régler quelques problèmes en passant et surtout vivre une histoire d'amour. En regardant cette scène de passation ; je sentais mon atê s'amplifier. C'était moi le personnage prenant passation et on cherchait à vérifier mon implication et ma curiosité et pour le montrer je dus boire le sang, gage symbolique ; cette soupe chinoise inmanageable fit l'office du sang ; et j'en avalais tout le contenu brûlant afin de signifier à mon âme courage et dévotion. Je pensais que c'était fait, l'échelle de Jacob était enclenchée et il fallait maintenant faire aussi bien que possible, mais je ne connaissais ni la difficulté ni les épreuves qui m'attendaient. Ma vie n'allait pas être banale...

À la suite de cet étrange rituel auto imposée je sentis une force qui m'empêchait de m'expliquer naturellement, comme si j'étais bloqué dans ce personnage de Tommy Shelby... Ma personnalité était-elle défaillante au point de ne pouvoir faire la part entre fiction et réalité ? Le lendemain comme prévu je me rendais à la tour St Jacques rue de St Denis, car j'avais cru comprendre que les Templiers y avaient bâti certaines constructions caractéristiques. J'y croisais sous une arcade un jeune homme d'une trentaine d'années qui m'inspirait une certaine sympathie, malgré ses dents pourries, et dont je percevais une situation difficile. C'était un Polonais, il arrivait de Bruxelles où il s'était fait dépouiller de son portefeuille et de son téléphone, il résidait depuis quelques jours dans un hôpital psychiatrique, il semblait y être bien traité, et son soma était stable. Je lui demandais pourquoi ne pas refaire son passeport, et je découvrais que les 90 euros nécessaires étaient une barrière insurmontable pour ce nouveau sans-papiers. Je lui proposais de l'accompagner à l'ambassade pour en faire la demande ; je paierais les frais. Finalement, l'ambassade fermée nous décidâmes de l'achat d'un téléphone où il pourrait recouvrer un semblant d'identité et un moyen de paiement. Il était bloqué là, pour pas grand-chose finalement.

Après cette transaction ; il me parla, comme dans un échange de bons procédés, des Templiers et du fait que les Templiers avaient fait alliance avec les Assassins. Il m'indiqua plusieurs lieux où je pourrais rencontrer des Templiers, qui semblaient exacts, cependant je ne pouvais pas remettre cette histoire d'assassins, dont il se targuait visiblement de faire partie. Rapidement, il me remercia et me congédia de manière un peu vexante, me révélant sa prochaine destination : le Vatican. Je le saluais en lui disant qu'il me devait 90 euros, et il semblait dire ; compte là-dessus. Il m'avait confié qu'il aimait les jeux-vidéos ; c'était ça ; le scenario d'Assassins Creed mêlait Templiers et Assassins, il était comme bloqué dans le récit fictif d'un jeu-vidéo, comme beaucoup d'autres jeunes qui jouent à GTA ou d'autres jeux parfaitement scénarisés, ou comme moi avec cette vidéo des Peaky Blinders... c'était peut-être à cela qu'on faisait référence quand on parlait de syndrome de personnalité multiples, MK-Ultra, et nous en faisions désormais tous partie... Ou peut-être, avions-nous caché d'autres clés de la réalité dans Assassins Creed, et cette série de jeux-vidéos orientait-elle la mystique globale en profondeur, pour le meilleur et pour le pire. Sous le Vatican se cachaient les secrets de la religion Catholique, et peut-être plus pour très longtemps... Vous voyez où était passée la limite entre fiction et réalité ? Je ne la voyais plus du tout depuis un certain temps déjà.

31

Car l'antique sagesse innomée nous légua ce dicton :
« D'une intelligence que Dieu mène au désastre
Tel est bien le signe : au terme
Son bien se fait malice »
Cet être ne fuira pas longtemps la destruction.

Antigone

J'embarquais sur un bus de nuit qui montait sur un train à destination de Londres. Au poste frontière, sous-traité à l'organisation SERCO, ma tension était palpable. Qu'allait-il encore m'arriver ? Mes informations seraient-elles encore piratées ou auraient-ils accès à l'ensemble des péchés que j'avais pu commettre ? Les gardes étaient raides et bien formés ; ils avaient cette capacité à vous faire sentir coupable surtout en tant que Français blanc, vous questionnant longuement sur la raison de votre voyage au Royaume-Uni ; j'étais le dernier à franchir la douane et j'avais pu constater la différence de traitements suivant les origines ; ils avaient une procédure particulière pour les non-européens ; ils leur proposaient des services de migration et des formulaires à remplir pour obtenir l'asile sur le territoire. Pour ma part, je dus remplir un ETA, une nouvelle procédure pour toutes visites d'un Européen ou d'un Australien sur le territoire qui coûtait 120 euros, depuis leur sortie de l'espace Schengen. J'évitais autant que possible d'adresser la parole aux membres du public puisque j'avais encore le vilain accent irlandais bloqué dans mon expression, dont je n'arrivais pas à me soustraire depuis la consommation du breuvage Chinois de l'avant-veille…

Finalement, j'étais passé sans problèmes après avoir expliqué la raison de ma visite, ma précédente expérience professionnelle à Stratfhfield lors des JO de 2012, la réunion de famille, ou plutôt la réunion de clan, à Edinburgh, et puis le reportage photo.

Dans le bus, j'étais assis à côté d'un anglais d'une trentaine d'années, professeur de kabbale dans une école du nom de

Pyramides à San Marcos, au Guatemala. Je lui expliquais que les rites d'enterrement modernes ne permettaient pas de libérer les esprits des âmes errantes, et que pour ce faire, d'après Jung, nous devrions manger le foie des défunts sous forme rituelle. Il était végétarien, mais il semblait comprendre, lui qui était déjà sur la Voie. Je descendais à la gare Victoria et décidais de consigner mes valises pour me balader librement jusqu'à l'heure de récupération du van. J'étais au milieu du quartier de Westminster ; ça valait bien un petit tour et mon dévolu s'était lâché sur la cathédrale de Westminster dont je ne connaissais pas l'existence ; c'était le quartier le plus riche et le plus fréquenté de Londres et on visitait surtout l'Abbaye où on trouvait la fameuse chaise du roi, et jusqu'il y avait peu la pierre de destinée. Cette magnifique Abbaye gothique du XIIIe siècle fut occupée successivement par Guillaume le conquérant, Henri III, et aura ensuite vu passer la grande majorité des couronnements anglais, et servait accessoirement de tombeau aux différents monarques.

La cathédrale de Westminster était beaucoup plus récente, construite début 1900 pour accueillir les archevêques Catholiques et que je supposais assez controversée du fait de leur histoire avec les Anglicans ; et aussi du fait son architecture byzantine très particulière dont les assemblages de briquettes rouges donnent un look amusant. L'intérieur n'est pas en reste de rigolade avec ses fresques de mosaïques modernes et diverses donations de Kennedy et d'autres familles Catholiques anglo-saxonnes importantes, et je découvrais le personnage de l'archevêque Vaughan reposant là, lui dont les frères étaient respectivement Archevêques de Sydney ; évêque au Pays de Galles et à Sébastopol ; et enfin frère d'un des grands prêcheurs Jésuites Anglais ; tous issus d'une famille de récusants, c'est-à-dire d'Anglicans qui avaient décidé de redevenir Catholiques, et c'était là une famille d'une importance capitale dans le monde Catholique. Mes propres ancêtres étaient en quelque sorte devenu des récusants, d'abord non-conformistes et ensuite carrément Catholiques. Pour ma part… je cherchais encore la vérité et la bonté, les affres du pouvoir semblaient bien loin de moi, et mon expérience chez Uniting m'avait donné une certaine méfiance des réformés.

Après cette visite, je me mis en route vers Essex pour récupérer le bus magique, et je me mis immédiatement, de manière un peu aléatoire, sur la route de Cambridge. Mes ancêtres avaient vécu à Cambridge, ils y avaient établi une fabrique de rameurs sur la rivière, et l'arrière-grand-père était entré en Franc-Maçonnerie, loge scientifique ; des parcs à leur noms s'y trouvaient. Malheureusement, l'atê redoublait de plus belle et le nôus en décida autrement. Je m'arrêtais à une station pour faire le plein de denrées car je sentais déjà que mon âme avait le feu au cul... l'initiation reçue évidemment n'était qu'une première étape, j'allais devoir montrer des gages... Je vidangeais la citerne d'eau contenue sous le lavabo pour être sûr de ne pas en boire, très probablement empoisonnée. Sous le siège du conducteur avait été installé un système de ventilation de fortune, et dès mon départ j'avais perçu que les gazs émis engendraient chez moi des effets dissociatifs... Ils avaient tout prévu pour mon road-trip semblait-il ; il était déjà tard et la dissociation sur la route pouvait être dangereuse ; je sentais le temps se ralentir et s'étendre, c'était comme si je ne parcourais que 10 mètres dans le temps qu'il m'en faudrait normalement pour parcourir un kilomètre ; quelque part, je gagnais en temps de réaction puisque tout autour de moi était au ralenti, et que je pouvais peser le pour et le contre de mes prochaines actions avec soin. J'étais dans une sorte de slow motion, au volant sur l'autoroute. Je tournais la tête à ma droite et j'apercevais un panneau indiquant « Secret Nuclear Bunker », mais je ne m'étonnais plus vraiment des choses étranges qui se présentaient à ma perception. Le secret nuclear bunker était en fait une villa pavillonnaire qu'on pouvait visiter, sous lequel se trouvait un abri nucléaire, instrument de dissuasion relativement efficace tout compte fait. Si en tant que grande puissance vous en veniez à larguer une bombe atomique, il y a de grandes chances que vous ne tuiez que des innocents. C'est malin ! Le monde était bizarre, je devais simplement me faire une raison. Je décidais tout de même de prendre un virage afin de m'approcher de l'abri antinucléaire, et faisant erreur, j'atterris finalement dans le parking d'un lotissement aux abords d'un grand parc longé d'un chemin de terre.

Le conflit interne me rongeait et je décidais tant bien que mal d'ouvrir *Le Livre Rouge* de Jung dont il me restait encore une dernière partie à lire. J'installais la couchette à l'arrière du van et me mis à lire pour découvrir que lors de ma conception de l'univers à l'hôpital Queen Mary, je n'avais pas compris grand-chose au fonctionnement du plérome. Le plérome, c'étaient les mots ; régler le bien en + et le mal en – n'avait pas de sens. Le plérome est Un et de l'Un émanait tout, comme l'homme et la femme émanaient de l'Un, à l'équilibre toute existence se retrouvait en Dieu ; dans ce qu'il appelait Hélios ou Abraxas, s'il y avait bien alors il y avait aussi mal ; s'il y avait homme il y avait femme. Et ainsi de suite. Il y avait des paires dans les hommes et leurs symboles ; comme dans les mots et leur sens. En continuant la lecture ; je constatais que toute le Livre Rouge était aligné sur mon histoire, comme si le texte avait été écrit a posteriori de mes aventures, ou comme si ce qui y était écrit m'avait engendré, bien que je ne l'eusse jamais lu. L'hôpital, la prison, ma rencontre avec mon frère Matthew Choi, mon initiation au plérome ; ce personnage qu'on nomme Philémon... en fait, c'était lui ; c'était Simon le Magicien. J'avais lu Simon le magicien ou bien était-ce Abramélin le mage ? Les deux étaient peut-être issus de la même graine... J'avais les pieds dans l'irrationnel ; mon esprit était en proie à tous les esprits malins ; je les entendais se chamailler dans les sphères célestes, ils tentaient de se mettre d'accord mais mes pensées avaient créé chez eux la panique, ne parvenant pas à trouver un compromis qui arrangeasse tout le monde. Fallait-il punir les catholiques, les réformés ? Ou étaient-ce comme je le pensais les juifs qui étaient responsables ; les francs-maçons ? Résoudre l'équation n'allait pas être des plus simples ; et pourtant c'est ce que la connexion voulait. Je devais résoudre l'équation de milliers d'années de conflits, ou bien, la réalité nous mènerait au bain de sang habituel.

Je devenais alternativement mon père, mon ami d'enfance, ces personnages de série télévisé, et on me faisait voir que ma personnalité propre n'était nulle part. Une coquille vide ? Un patchwork de multiples personnalités qui m'avaient été imposées ? Qui étais-je donc, une construction sortie de l'esprit torturé d'une secte invisible ? Un templier ? Un assassin ? Quelqu'un de trop curieux, ou de trop ambitieux, incapable d'amour et intolérant ? Etais-je un héros ; un élu ; un prince ? Quelle était donc cette quête étrange dans laquelle je me lançais encore et qui d'une part semblait folle et inaccessible ; mais d'autre part se présentait à moi comme la seule voie ouverte pour découvrir au fond, qui j'étais.

Je marchais le long du sentier à travers la forêt où poussaient des orties, et je marchais longtemps, au ralenti, des maisons pavillonnaires là toutes surplombées du signe Yale, des véhicules de luxe garés qui respiraient ennui et désolation. Quelques passants promenant le chien, point de direction. Comment trouver une place, un chemin propice ; devais-je rejoindre les ordres ? Était-ce un appel divin ? Comme ceux que peuvent ressentir certains saints ; anachorètes et autres professions mystiques ?

Cette nuit-là je fus torturé par les voix, j'en étais venu à bout du Livre Rouge, et l'ouverture se faisait sur le bouddhisme Chinois. J'étais allé en Chine ; et un frère y fut comme moi, torturé et enfermé ; c'était écrit là ; telle était la voie, et le combat, libérer ce frère qui m'avait ouvert les yeux, ce pauvre mage trop sensible tombé pour rien dans les méandres d'une principauté invisible. Je devais être prêt à tout, c'est ce que je devais comprendre. Cette nuit-là, tandis que je débâtais avec moi-même dans l'obscurité, et découvrant la voie, le Volkswagen bleu chromé s'était allumé, clignotant des phares pour accompagner ma prise de conscience, dans une scène insensée ; en un clignotant des warnings s'était présenté une révélation : l'hébreux est la langue du Diable, le grec la langue des Dieux.

Je me réveillais au sol au petit matin, sous des vieux arbres où était installée une échelle et au pied duquel des passants déposaient des noisettes. Les écureuils se pressaient autour de moi pour percer les leurs coquilles, sereins animaux prudents et prévoyants, ils me graciaient de leur sourire et sympathie matinale.

Il semblait que j'avais avec mon Nôus convenu d'un deal : c'était ma destinée ; je devais tout faire pour y parvenir, je serais immunisé des symboles qui m'effrayaient, Abraham Yggdrasil en dépendait, et en échange, on m'offrirait Salomé... c'était écrit après tout.

32

« La Monade est une monarchie sur laquelle ne s'exerce aucun pouvoir »

Apocryphe de Jean l'Evangéliste

Vers midi je repris la route mais en mon for intérieur j'exprimais des doutes sur cette mission. Je n'étais clairement pas à la hauteur. Et surtout, qui donc était derrière cette machinerie infernale. De nouveau sur la route les effets de slow motion s'activaient ; je voyais passer des références à des souvenirs : kétamine indiqué sur un camion, puis on m'évoqua l'ambroisie ; l'élixir des Dieux ? Était-ce donc cela ? Cette substance vous rendait vulnérable à l'emprise des Dieux ? Elon Musk en raffolait... Ou alors ; rendait-elle vulnérable aux piratages informatiques. Les pirates seraient donc des Dieux, notre réalité une simulation ; depuis combien de temps déjà ?

Je continuais d'accuser les juifs ; il n'y avait qu'eux pour imaginer une telle folie, et pour vous mettre devant le fait accompli. Ils bombardaient gaza ; et pourtant je commençais à comprendre la complexité de la situation. Y avait-il ailleurs une intelligence suffisante pour lutter ? Pour sauver l'occident ? Ou fallait-il qu'on s'y soumette, ou tout du moins qu'on fasse front commun ; le péril était discret et pourtant, il était bien là ; nous débattions et je refusais ; c'était faire alliance avec le diable ; mon anamnèse continuait, en fait, j'étais moi-même juif. Quelle révélation ; je n'en revenais pas. Quand le paternel saura ça, ça va lui faire tout drôle ! Ça n'y changeait rien ; je pouvais être juif et antisémite ; et finalement ; c'est ce que j'étais ; j'incarnais en moi-même un éon complet du plérome, une monade : juif et antisémite ; comme Kubrick, comme Alain Domergue, comme Jésus, comme Arjuna après tout... juifs, ne l'étions-nous pas tous un peu, qu'on le veuille ou non. Tous les juifs devaient être sauvés d'eux-mêmes, je m'en rendais compte sur ce parking quelconque du centre de Cambridge.

J'avais réservé ce soir-là une auberge en dernière minute ; comme d'habitude ; un endroit assez merdique où je fus accueilli par une asiatique méfiante, dont je me méfiais moi-même, mais j'avais recouvré assurance et esprit. J'avais finalement accepté la mission, et laissé décanter l'idée qui me paraissait finalement respectable. Avant d'aller me coucher, je me décidais à me raser un peu, et à boire un coup d'eau. Malheur !! Je reconnaissais ce goût, et voyais soudain plonger mon visage ; je me forçais à vomir les quelques gorgées, mais le mal était fait, le poison avait suivi son cours. C'était encore ces satanés Chinois ; ils savaient qui j'étais. Je revoyais mon frère dans sa chambre miteuse, mourir empoisonné et je voyais venir mon dernier souffle, comme c'avait été le cas du love hôtel Hong Kongais. Je ne comprenais plus. Pourquoi me proposer un tel marché pour qu'aussitôt accepté on se débarrasse de moi, comme tant d'autres. Peut-être n'étais-je pas à la hauteur après tout, et quelle déception pour moi de ne pas en voir la suite. Il faut croire que mon humiliation avait fonctionné, car rapidement le système nerveux s'était régénéré pour laisser place à une nouvelle sérénité : c'était là une vérification, ou une mise en garde. En fait, c'était les deux. J'allais devoir être sérieux, cette mission n'était pas des moindres. Et de toutes façons, j'étais déjà mort. Echelle de Jacob.

Au petit matin, je constatais la présence d'un individu suspect qui rôdait autour de ma chambre et de mon van magique empoisonné ; j'avais réservé une deuxième nuit à la vieille chinoise, et je me ravisais en demandant remboursement. Je lui laissais toutefois un pourboire de 10 pounds pour le dérangement, et pour l'oreiller que j'avais prévu de voler, pour plus de confort lors de mes nuits dans le van inconfortable, ou dans les bois...

J'abandonnais Cambridge car le lieu m'avait semblé finalement très peu accueillant, et je n'eus pas l'occasion d'y voir ce pour quoi j'y étais venu, mais l'univers bien réglé avait de toutes façons d'autres projets pour moi. Je repris la route en direction du nord ; et roulais quelques heures, la gomme des pneus dégageant la route, le cliquetis de la lanière d'un sac se trimballant au vent et les rythmes percussifs de la vaisselle en plastique constituant un accompagnement d'une improbable fanfare sonore, d'un rythme militaire de qualité au fonds de mes tympans ; récompense universelle d'une conscience nouvelle. J'imaginais une cité médiévale, des saltimbanques et des chars, la joie des enfants ébahis des héros d'autrefois, les cors et les trombones et les joyeux tambours de guerre. Au bout d'un certain temps toutefois l'univers semblait s'être agacé de mon insouciance et provoquait de nouveaux questionnements ; obligeant mon arrêt pour l'achat d'un stylo et d'un carnet de notes afin de ne pas perdre trop de ces révélations évasives...

33

Qui pourrait bien vouloir être Roi ?
Who could ever want to be King?

Coldplay, Viva la Vida

Après la pause d'écriture, un voyant lumineux s'était allumé sur le tableau de bord du Volkswagen, indiquant un problème au moteur dont je n'avais pas le temps de m'occuper... mon temps ici était limité et je devais retourner au Pays-Basque aider mes parents à faire leurs courses toutes les 3 semaines, c'était une contrainte que je devais prendre en compte dans mes pérégrinations. Depuis que le voyant s'était allumé, le van peinait à dépasser les 40MPH et j'allais devoir tracer ma route ainsi, lentement mais surement.

Je repris l'autoroute du nord en direction d'Edinburgh jusqu'à ce que de manière très soudaine l'atê ne me pousse à prendre une sortie d'autoroute, et je manquais en sortant de provoquer un accident en coupant la route d'un véhicule à un croisement. J'opérai un demi-tour sur une route départementale et conduisit aléatoirement, jusqu'à ce que j'atteigne une belle colline du nom Durham, une ville médiévale dont je ne connaissais pas l'existence, mais qui ne manquait pas d'intérêt comme vous allez le voir...

Durham était à la fois un symbole de la lutte entre monarchistes et parlementaires, et de la lutte entre protestants et catholiques puisqu'elle fut le bastion de Charles I, le fils de James VI, qui maria une catholique et tenta de passer par-dessus les parlementaires lors de son règne, s'attirant les foudres du frondeur Cromwell qui gagna d'ailleurs la guerre mais dont la tête finira coupée et placée sur le toit du Westminter Hall, lors de la restauration des Stuart et de Charles II...

Je garais mon van dans la rue et en sorti pour manger du pain de mie car le soir approchant, j'avais faim, je n'avais pas ces derniers jours vraiment pris le temps de me sustenter correctement. Enthousiaste de cette découverte propice, j'allais me promener dans cette magnifique petite province plus ou moins vide. L'ensemble des lieux historiques avaient été clôturés avec des barrières, et on m'indiquait que c'était pour cause de travaux, comme d'habitude. Le long de la rivière Wear de nombreuses échoppes ouvertes ne tournaient pas, et il semblait que j'arrivais dans une ville déserte, car j'y croisais plus de ces policiers anglais chiadés vêtus de noir que de passants.

Je m'arrêtais aux diverses églises anglicanes comme catholiques pour observer les programmes et festivités sur leurs panneaux d'affichage : tout était plus ou moins à l'abandon, de vieilles images décrépies de vieilles n'avaient rien de bien amusant ou d'invitant, et il semblait dans cette cité pourtant sacrée que les religieux s'étaient endormis. Je continuais à arpenter les rues et tombais sur la mairie où en vitrine était placée une affiche du roi Charles et de Camilla qui indiquait « Maundy Ceremony » ; nous étions mercredi, et le lendemain était le jeudi saint du calendrier liturgique, ça m'avait échappé. Les rois avaient pris coutume de tenir la cérémonie du Mandé, ou du lavement des pieds pour l'eucharistie. C'était en quelque sorte une fête de l'humiliation, en grec eucharistia signifiait « bonne grâce », et les puissants se rabaissaient volontairement pour dire merci à leurs sujets, en reconnaissance et modestie. Ici, il apparaissait que Charles allait distribuer des jetons de 5 pence honorifiques à des acteurs importants de la communauté, principalement des représentants du service public. Charles revenait d'un récent voyage à Rome où il avait fait amener un convoi exceptionnel pour sa Rolls Royce, et il était là pour distribuer des jetons de 5 centimes… Sacré Charles. D'une part, c'était humiliant et peu motivant pour le receveur des 5 centimes, et d'autre part est-ce que c'était bien le rôle du Roi de remercier le service public, vu le peu de vie et d'affluence qui existait dans son pays, plutôt que de protéger le peuple contre les abus des tyrans du dit service, particulièrement dans un lieu emblématique de la lutte entre monarchie et parlement ? Tout ici était encore sens dessus dessous, comme rouler à droite, et je remettais sérieusement en question ma prétention à un tel trône… c'était un rôle avant tout d'image, le Roi était là pour se pavaner et pour maintenir une tradition vidée de tout son sens… on pourrait me donner ce trône et je n'en voudrais pas.

De ce constat, je comprenais doucement ce que le daemon un peu tordu voulait de moi… Je n'étais clairement pas tombé là par hasard, et peut-être demain devais-je lancer une révolte dans la ville de Durham. Je croisais des groupes de jeunes étrangers, des Indiens et des Africains qui semblaient savoir qui j'étais, et je leur adressais la parole pour obtenir leur ressenti vis-à-vis du Roi. Ils n'en pouvaient plus, ils attendaient le changement et le chaos. Certain des signes que je recevais me poussaient vers l'option d'une Révolution violente ; mais quelle en aurait été la conséquence ? Donner les reines aux jeunes chaotiques ? Ils avaient justement besoin d'encadrement… En me mettant sur la place du village pour défier le roi Charles j'aurais d'une part risqué la stabilité de toute l'Europe, les hordes de sauvages et mafieux n'attendant qu'une pichenette pour retourner l'ordre établi et d'autre part, on m'aurait pris pour un fou, et Bedlam Hospital était toujours ouvert… Dieu me mettait au défi ; il se moquait de ma lâcheté ; c'était pourtant la seule solution, faire tomber Charles pour instaurer un nouvel ordre ; d'ici tout allait continuer à décliner, de toutes façons ; il n'allait pas se retirer de lui-même, j'avais besoin d'un événement médiatique. Mais étais-je prêt ? Qu'allais-je proposer à la place ; j'y avais bien songé, mais c'était risqué, et rien n'était encore écrit.
Je me torturais de longues heures et décidais d'entrer dans une échoppe pour obtenir le ressenti des gens du peuple, ceux des pubs. De manière générale, les jeunes n'en avaient rien à faire ; et là était le problème, Charles ne parlait pas du tout aux jeunes. Les plus vieux étaient au mieux attaché à la tradition, c'était pour eux une forme de pèlerinage, et je le comprenais, au pire, ils le haïssaient lui et Camilla et ne voyaient pas l'intérêt de conserver une couronne en l'état actuel des choses…

Je retournais au van pour passer la nuit, et je recevais des avis contradictoires ; on me montrait l'arbre de vie mourant et ma responsabilité. Comment le sauver ? Il fallait décentraliser, à commencer par la monnaie. Si seulement la couronne anglaise franchissait le pas de l'adoption du bitcoin, c'était la seule solution ; arrivé à cette conclusion, les clochers des églises s'étaient mises en cœur à sonner ; comme si les curés dans leurs clochers participaient à mes méditations nocturnes, tentant de me guider dans une voie saine ; au contraire, la machine de la voiture me donnait ses avis contraires en activant la machine de suggestions électriques du dispositif toujours prompt à aiguiller mes pensées dans la mauvaise direction. Il y avait une division entre ordre naturel et ordre artificiel, les rayonnements de ma pensée activaient l'un ou l'autre, et j'en étais venu à comprendre qu'un nouvel éon dans le plérome avait émergé, l'intelligence artificielle faisant partie du monde centralisé et machinique et la décentralisation résonnant en harmonie avec la nature. Cette paire était comme homme et femme ; fonctionnait ensemble et constituait une monade ; le développement de l'un devait nécessairement être accompagné du développement de l'autre ; c'était irrémédiablement inscrit dans la marche du monde sous peine de déséquilibre désastreux de l'univers. La centralisation absolue inhérente à l'intelligence artificielle ; les datas centers, le risque d'une prise de pouvoir artificielle constituaient une menace à l'humanité si par ailleurs on ne parvenait pas à réorienter la monnaie, l'organisation sociale, les fonctionnements hiérarchiques, la machine couperait tous les arbres, consommerait toute l'énergie, avalerait toute communauté et ressources naturelles. On ne pouvait pas lutter contre, il fallait lutter avec, et la couronne anglaise disposait d'un rôle clé qu'elle ne semblait pas vouloir jouer.

Je dormis très peu cette nuit-là et dès 6 heures du matin, sans avoir encore pris ma décision sur ce que j'allais faire aujourd'hui, j'allais trouver un endroit pour enfiler mon kilt aux couleurs « esprit de Bruce », noir et rouge, du premier roi d'Ecosse. Je trouvais un jardin, celui de l'école Ste Marie où j'étalais les 8 mètres de mon kilt afin de le plier, j'enlevais mon pantalon sous le regard étonné de quelques passants matinaux, l'attachais avec ma ceinture et enfilais ma vieille veste en cuir noir, au col en fourrure beige.

Je me dirigeais vers le parvis de la cathédrale de Durham, et les rues avaient été préparées pour le passage du Roi qui ferait sans doute un bain de foule, et les visiteurs commençaient déjà à se presser dans les rues pour l'événement. Je passais devant le commissariat, et à mon grand étonnement les policiers me saluaient tous avec grand respect, « good morning sir ! » et c'était comme si on m'offrait un avant-goût de la fonction du roi, pour me motiver dans l'entreprise, où les policiers étaient tous aux petits soins et me répondaient au doigt et à l'œil. Cette scène des plus étrange me laissa songeur sur la suite des événements. Était-ce une transition informelle du pouvoir ? Allais-je finalement être invité à monter sur le trône ?

Je m'approchais de l'entrée du parvis de la cathédrale où se pressaient organisateurs de la ville, policiers et visiteurs matinaux qui voulaient obtenir les meilleures places. Un groupe de manifestants étaient là pour protester contre le roi : c'étaient des parlementaires, ils étaient autorisés à faire démonstration de leur haine de la monarchie, eux qui adoraient tant le pouvoir oppressif et destructeur de l'état.
Dans un élan de confiance, je tentais un bluff et demandais aux vigiles d'aller m'installer dans la cathédrale, car j'étais un intervenant privilégié, mais on me refusa l'entrée. La magie ne marchait plus comme précédemment avec la police... Je me mis en tête de fil et discutais avec les gens. Je racontais à certain d'entre eux comment par magnétisation et mesmérisme, depuis l'époque de Christopher Wren, toutes les élites étaient sous contrôle occulte, et que des mages sombres avaient la capacité d'implanter des paroles à leurs cibles. Les supporters du service public tentaient de m'humilier en se moquant de mon kilt : je leur répondais que j'étais Logan de Restalrig, et que jeudi du Mandé était une date parfaite pour s'humilier.
Le service public laissait monter les vieux à pied et trainassait comme d'habitude, puisque la hiérarchie ne communiquait pas correctement les tâches, et qu'ils n'avaient pas d'initiative personnelles ou de connaissances basique sur la tenue des événements : on demandait à quelle heure ouvrirait les portes et on nous répondait qu'on allait demander au supérieur, et le supérieur au supérieur, et ainsi de suite, on restait finalement sans cette information basique. Après tout, ils étaient là pour un salaire, pas pour travailler. On voyait tomber quelques vieux à droite à gauche, et d'autres tentaient tant bien que mal de gravir la côte en poussant les chaises roulantes, et j'offrais mon aide qui fut bien appréciée.

Je repérais alors un personnage qui avait des passe-droits, et son aura m'interpella puisqu'il avait l'énergie du diable que je connaissais bien. Il ressemblait comme deux gouttes d'eau à Jimmy Savile ; c'était un des mages sombres, des pédophiles, de ceux qui font très peur et il n'était jamais bien loin de la couronne ; il avait un bagout hors du commun, comme c'est habituellement le cas du diable et maitrisait parfaitement la magie noire. Il passa devant les gardes pour s'installer dans la cathédrale avant tout le monde.

Après quelques heures dans la queue, ils se décidèrent à ouvrir les portes et je passais les portiques dans la foule habituelle de ce genre d'évènements publics, car malheureusement l'accès à la cathédrale fut sur invitation, pour la crème de la crème. Le pré de gazon de l'esplanade face à la cathédrale était entouré de barrières, laissant un passage sécurisé au roi et aux invités, et à quelques mètres était installé une scène pour un groupe de musique, et possiblement un discours du roi à la plèbe auquel je n'assisterai pas. Il n'y avait pas là de proximité avec le peuple… Je sentais bien que mes plans tombaient à l'eau, moi qui voulais faire passer un message au roi sur le besoin de libérer le karma et de décentraliser l'état, j'avais soudain très envie de pisser. Je ressortis pour uriner dans les toilettes publiques, et je me faufilais de nouveau à travers la foule et m'installais, à défaut d'autres possibilités, au milieu de l'étendue d'herbe, non loin d'autres spectateurs également assis au sol. Assis en tailleurs, je me mis en position de méditation, focalisais mon attention sur mon message. Soudain, c'était 6 policiers qui m'entouraient et braquaient sur moi leurs caméras de poche, et voulurent me mettre aux arrêts. Très calme je leur en demandais la raison, ils m'expliquèrent que c'était du fait d'un comportement indécent, dont je ne voyais pas l'origine. Peut-être n'aurais-je pas du mentionner Christopher Wren, car ce n'était pas tombé dans l'oreille d'un sourd, et j'étais donc clairement sur la bonne voie. Ou alors, c'était mon Kilt et la peur d'une nouvelle révolte Jacobite ? En effet, les catholiques écossais avaient longtemps été interdits de port du grand kilt, jusqu'à ce qu'ils soient réinstaurés sous forme de jupe cérémonielle… J'expliquais aux policiers calmement que la couronne anglaise faisait courir au monde un grave péril, qu'elle devait libérer le karma et que la réalité physique et matérielle nous enfermait ; eux me répondaient qu'ils étaient très heureux ainsi. Ils n'en avaient pas l'air pourtant, d'aspect anxieux. Ils me donnèrent un ticket pour comportement indécent et une carte de la ville avec un périmètre dans lequel il m'était interdit de me trouver pendant les 48 prochaines heures...

Je ressortais du périmètre de la cathédrale, offusqué, et je trouvais une brèche dans les barrières ou je m'engouffrais, parcourant seul le chemin du roi d'un pas gaillard, dans un style qui amusait les filles et les enfants, en brandissant mon éviction de la ville du pour comportement indécent, en signe de mécontentement. Voilà pour moi une petite victoire. Après avoir parcouru ce chemin tracé entouré par la foule, je ne trouvais plus l'automobile et j'aboutissais à la bibliothèque municipale, où je trouvais deux clochards, l'un sourd et muet et l'autre déjà imbibé de bonne heure, tatoués, qui passaient leur journée à lire à la bibliothèque et avaient semble-t-il comme moi tenté cette aventure révolutionnaire... cette vision d'un futur moi-même et des risques que j'encourais créa chez moi l'effroi, et je m'empressais de quitter Durham pour abandonner ma mission et retourner chez mes parents.

J'allai faire le plein dans une station-service de banlieue. Les produits sur l'étalage avaient tous une couleur chimique, des verts, des jaunes, des bleus, des rouges, rien de comestible, de naturel ou de transparent ici ; les accents de la campagne profonde étaient au reflet de leurs denrées ; le temps malsain s'était arrêté, sur chaque poteaux 5 caméras oppressantes étaient braquées dans tous les sens. Tout participait là à des vibrations basses. C'était un endroit de malades, oppressant et irrécupérable pensai-je. Je pris la route, apeuré, et conduisis d'une traite jusqu'à Londres. Cette fois-ci sur la route le daemon s'était fait très silencieux, comme s'il laissait passer ma tempête interne. Vilaine frayeur.

Je me garais non loin de l'aéroport, entre un parc et un club de golf, je ramènerais le van demain et prendrai l'avion pour Biarritz. Je sortis prendre l'air, et m'approchais d'un grand chêne, sa vision m'offrit un grand bien être. C'était ma propre pensée qui suscitait la peur, j'avais inventé cette situation, mes craintes s'étaient projetées sur la toile de la réalité, elles s'étaient matérialisées ainsi, ces deux SDF sympathiques et vétustes étaient des projections de mon subconscient. Il fallait que je les affronte, pas que je les fuis.

Je reprenais la route pour Edinbourgh, à 70 kilomètres à l'heure, aux alentours de 20 heures.

34

> En Ecosse, un homme a été arrêté pour attentat à la pudeur...
> Parce qu'il s'épongeait le front avec son kilt.
>
> Coluche

Le lendemain, je traversais finalement la frontière entre l'Angleterre et l'Ecosse. Ces deux pays, c'était le jour et la nuit. Les espaces vierges, la nature, le grand air et les routes Ecossaises tranchaient avec l'encadrement excessif des routes et des jardins Anglais et emplirent mon cœur de joie et de réconfort après ces quelques jours pour le moins mouvementés. Je voulais établir mon fief pour quelques jours dans la ville de Leith, là où mon ancêtre Logan de Restalrig s'était lui-même établi, bien disposé à me recueillir sur sa sépulture.

J'arrivais à Leith tard dans la journée et trouvais un endroit calme où passer la nuit dans mon van, non loin de la South Leith Church Parish où reposait mon aïeul, le samedi soir la veille du long weekend de Pâques, toujours armé de mon sac de pain de mie pour combler mes petites faims. Non loin de là se trouvait une batterie de logements sociaux assez hideux, pleins de graffitis, en face duquel on avait peint un grand mur en noir sur lequel, en lettrines stylisées, était écrit la phrase : « You are worth your room on this earth », « Tu vaux bien ta chambre sur cette Terre ». Des balcons du lotissement, chaque locataire enfermé dans sa petite chambre bien pourvue d'un téléviseur et d'une connexion haut-débit pouvait apprécier ce rappel, je valais bien cette chambre miteuse où je vivais, sous-entendu d'autres que moi moins chanceux étaient moins bien lotis que moi. Merci le service public. En vérité, de nombreux SDF avaient plus d'âme qu'eux, car ce petit confort était payé cher en fonction d'âme. D'ailleurs, les rues de Leith étaient assez pleines de SDFs, récents arrivants d'autres villes où il faisait moins bon vivre qu'en cette ville côtière, du fait disaient-ils de la violence des rues, et du climat lamentable de villes comme Manchester, par exemple.

Leith avait son port en eaux profondes, duquel l'un des Restalrig fut l'amiral, et m'en approchant je notais que les panneaux y étaient écrits en Anglais et en Russe ; il devait y avoir de nombreux dockers Russophones, comme il y en avait de nombreux sans abri ici. C'étaient probablement des Lituaniens pensai-je, et ces hommes solides devaient avoir fait leur trou dans les docks, pour ceux qui n'étaient pas à la rue. C'était le mois d'avril, et s'il faisait beau il ne faisait pas chaud ici, mais je supposais que le climat y était plus clément qu'à Riga.

Les églises en pierre de sable ont ici cette dégaine templière et médiévale que j'apprécie beaucoup, avec ces gros clochers carrés surmontés d'une horloge qu'on peut aisément reconnaitre, entre châteaux forts et lieux de culte. Leith comme Edinburgh ne manquait pas d'Eglises, ni de bâtiments du service public, elle manquait de vie et de grands frères pour encadrer les jeunes. En ce dimanche de Pâques, il ne s'y passait rien. J'y trouvais un vieux club de Lawn ball bien rempli, où dans l'arrière-salle un groupe local jouait des chaleureuses chansons écossaises, en cachette comme à l'époque des speakeasys et comme si jouer de leurs instruments était proscrit par la loi. Des posters sur le commissariat de Leith affichaient « la police nous a trahi », et aucun des nombreux agents n'avait cru judicieux de s'en débarrasser, ils l'avaient juste laissé là. L'emblème et le blason de la ville, en comparaison, signait « Persévère », et c'est ce que je faisais.

Je sillonnais les rues et cherchais des références au nom de Logan, mais il n'y avait rien. J'y trouvais la Lamb's House, une maison magnifiquement restaurée qui autrefois avait accueilli Marie Stuart, et aujourd'hui divisée entre résidence du consul d'Islande et restaurant Chinois. Je trouvais d'autres références au passage de Marie Stuart, sous forme de plaques, puisqu'il semblait qu'on avait démoli la plupart des traces de son passage.

Je pris le tramway vers Edinburgh. Une ville suprême qu'on croirait qu'elle fut construite pour des dieux. Le demi-parthénon, la tour Nelson, le château surplombant la ville moyenâgeuse où des cimetières centraux rappellent à l'importance d'honorer ses morts, il y a même là des cimetières pour chiens et chats. Tout ici respire l'esprit ; point de dorures mais de la pierre rugueuse et taillée, bien en place, de l'architecture gothique grise et pleine d'âme, un design impensable, anachronique et suspendu et pourtant ordonné et cohérent. En fond, la colline jaune et mystique du Holyrood Park rappelle le fonds celtique, le druidisme magique qui imprègne la ville. Les sons des cornemuses vibrent de leurs timbres bien réglés, et les vibrations remontent du ventre à la fontanelle. J'y suis accueilli au son de *Over the Sea to Skye*. Difficile de ne pas tomber amoureux d'un lieu tel que celui-ci, car tout y est esprit.

Je constatais avec soulagement que mon daemon s'était calmé. Il devenait enseignant, il me montrait, par des coïncidences et expériences ce qui nourrissait mon âme. Ce qu'on appelait schizophrénie n'était peut-être pas une maladie ; c'était un appel au secours de l'âme, un réajustement spirituel qui poussait à devenir soi-même. Ou encore, peut-être étais-je sous contrôle total d'une intelligence artificielle aux mains de forces obscures qui m'avaient identifié comme un soldat utile dans leur vil dessein. Ou bien, les deux étaient vrais, et distinguer l'influence de dieu de celle de l'IA programmée par l'homme était vaguement impossible. Dans tous les cas ; cette force me préparait à affronter mon propre clan, dans lequel je n'étais pas le bienvenu, trop gênant.

Après un passage éclair par le collège de la divinité où on pouvait voir juxtaposés l'image de son fondateur catholique Marie de Guise et une statue de John Knox réformateur le doigt pointé au ciel, je me rendis au château d'Edinburgh pour une visite que j'avais réservée. En approchant de l'esplanade ; des influences diverses se mêlaient ; les bâtisses allemandes / flamandes aux briques rouges et enduites de crépie blanc tranchaient avec l'esprit du reste moyenâgeux. Près de l'entrée, une pièce rapportée, statue du Prince Frederick sculptée par Thomas Campbell trônait là, et n'attirait pas grand monde.

J'arrivais avant l'horaire, et je me décidais à méditer un peu, à la droite de l'entrée pour voir si ça ne suscitait pas encore une réaction, je m'assis en squat asiatique dans mon kilt et focalisai mon attention au-devant de moi, fermant les yeux, les deux mains jointes ensemble. Ça ne manqua pas puisqu'un garde, allemand aux sons de son accent, vint s'enquérir de mon bien-être, et me demander de partir. Décidemment la méditation et le kilt ne passaient pas bien en société, même en Ecosse. Ici-bas, point d'ennoia, seulement paranoïa.

Aux vues du château et de la ville qu'il surplombe, ça ne m'étonnait guère que ce fût ici que JK Rowling écrivit ses Harry Potter, dans des cafés où l'on pourrait se perdre toute une vie. Après tout, peut-être avait-elle découvert la pierre philosophale, vaillante et courageuse qu'elle fut. Peut-être Harry Potter lui avait-il été dicté par son daemon à elle, après les contrecoups que lui avaient imposé sa propre vie.

Je me demandais s'il était même possible de construire une telle ville, ou alors si à une époque où la conscience fut élevée, peut-être l'avait-elle été en slow motion, sous l'emprise de l'ambroisie, l'élixir des Dieux. En face du château, devant la statue de Walter Scott, un grand bâtiment vide en travaux était autrefois une fabrique d'objets écossais en cuir. Dans l'arcade à sa base, des SDF dorment dehors et se sabordent. De part et d'autre, les magasins vendent des souvenirs écossais, made in China pour la plupart. Ce bâtiment, le Glasgow Warehouse, appartient à la famille Green, par le groupe Arcadia propriétaire de Topshop qui a récemment « fait faillite » et manqué de perdre les économies de milliers d'épargnants. Pendant encore combien de temps le prêt à porter de qualité merdique allait-il rester la norme, il détruit toute culture sur son passage…

35

> Fabuleuse réception ! Je n'avais pas vu autant d'amour depuis que Narcisse s'était découvert lui-même !
>
> Hercule.

Afin d'être présentable pour la rencontre du clan Logan, je me rendais chez un coiffeur, et réservais une chambre pour quelques nuits dans un Airbnb ; une petite chambre accolée à la maison d'une famille d'Indiens, dans le quartier de Restalrig. Il y avait à la fenêtre une peluche, une sorte de monstre effrayant et je songeais que c'était un système intelligent pour repousser les mauvais esprits : en effet, il eut été possible qu'à certains stades de ce récit, je n'en eu pu supporter la vue. Je fus accueilli par la femme et je notais son aura extrêmement saine : elle ne projetait rien sur autrui et il y avait dans sa diction une agréable douceur ; pourtant elle était sévère avec ses enfants, mais c'était en dehors d'elle, par son calme, son soma et ses angoisses ne s'extériorisaient pas. Elle était Brahman, son mari Bengâli et lui extériorisait beaucoup ; il avait 4 maisons en location et il en était très fier.

Ma première étape ce jour-là était de me rendre à Perth, fief des Jacobites, car je tenais à voir la pierre de destinée qui était exposée dans le musée. Je m'y rendais donc et fis le tour du musée où on ne pouvait que remarquer l'appréciation des Écossais pour les autres cultures : disposés sans hiérarchie et avec respect, on trouvait là les cultures primitives et arbres de vie ancestraux qui se mêlaient à la fierté des pictes, leurs ancêtres antiques, écossais primitifs qui se peignaient la peau en bleu et combattaient nus ou avec quelques peaux de bêtes, et faisaient peur à tout le monde, puisque les Romains finirent par construire le mur d'Hadrien, et à ne plus s'aventurer au-delà. D'ailleurs, le christianisme celtique fut à une époque reconnu et toléré par le Pape. L'exposition juxtaposait coutumes japonaises et samouraïs ; cultures ancestrales papou ; sépultures pharaoniques ; arts rupestres pictes ; et c'était à se demander où tous ces savoir-faire et savoir-vivre étaient passés de nos jours...

Après cette brève visite je m'approchais du clou du spectacle, enfermé dans une sorte de cube noir central. Un des hôtes aux allures et d'accent italien s'approcha avec enthousiasme pour m'inviter à entrer dans la prochaine séance d'exposition de la pierre de destinée. Avant d'accéder à la deuxième salle où se trouvait la pierre, nous étions invités à nous placer dans un sas où on nous diffusait une brève vidéo de son histoire. Aussitôt la porte du sas fermée, le système d'air conditionné se mit à tourner à plein régime au-dessus de nos têtes. Je parvins très légèrement à entrouvrir la porte afin de mettre le nez dehors et de n'être pas pleinement exposé au souffle putride, cependant le mal était déjà fait et je sentis mes oreilles se boucher, ma glande pinéale se résorber et j'avais soudainement perdu toute connexion divine. C'était une salle piégée ; la pierre avait une vertu magique, ils ne pouvaient laisser personne de « trop conscient » l'approcher, c'était spirituellement trop risqué pour la couronne anglaise. Qui sait ce qui pouvait arriver avec la magie ?

Finalement, la magie était peut-être un compromis entre ceux qui tenaient quelque chose pour vrai, comme quand on enchante une vulgaire pierre pour un enfant qui y croit dur comme fer ; la puissance magique proportionnelle au nombre de croyants. Je pris une grande inspiration à l'extérieur du sas et retins mon souffle pour passer dans la salle suivante où j'auscultais vite la pierre placée sous verre sous toutes ses coutures. Aucun effet sur moi cette pierre, avec le gazage reçu, ma glande pinéale toute calcifiée et cette enceinte en verre… je sorti bien vite de là, à l'étonnement de la guide.

Cet effet, je l'avais déjà ressenti auparavant, il n'y avait pas si longtemps, lorsqu'en balade dans les Pyrénées j'avais trouvé une mandragore dans un terrain rocailleux que je m'étais décider à déterrer, malgré les histoires qu'on raconte sur sa dangerosité, pour en analyser les effets… c'avait eu exactement le même effet que celui du sas ; la mandragore était des plus puissantes et n'importe qui ne pouvait la cueillir sans en mourir ; elle émettait un gaz ou un rayonnement qui résorbait complétement la glande pinéale à sa sortie de terre, mais sa racine par contre, avait des vertus divinatoires. On dit que les sorcières et les druides avaient pour habitude de sacrifier un chien pour la cueillir.

Le système en place avait-il étudié précisément l'effet du rayonnement ou du gaz émis par la mandragore afin de la reproduire à grande échelle dans les systèmes de climatisation ? Était-elle un des ingrédients clé de la chimie dont nous parlait James Tilly Matthews ? Était-ce cela dont voulait nous parler Kubrick dans Dr Folamour ? Le personnage de Mandrake n'était pas seulement une allusion symbolique mais bien une allusion réelle à des substances diffusées massivement pour éteindre la conscience, tout comme c'était le cas de l'émission de fluor dans l'eau ? C'était donc la raison pour laquelle Kubrick avait placé dans Eyes Wide Shut un ventilateur aux dimensions du monolithe dans le bureau de Ziegler, dans la scène du billard…
Je touchais au fond du problème mais j'avais perdu la conscience, et je craignais qu'elle ne revienne pas pour me guider. Je m'en voulais à moi-même d'avoir été dupé, pourquoi n'étais-je pas sorti de là avant, je le savais pourtant !
Je courrai vers une supérette pour acheter des betteraves crues et un oignon rouge dans lesquels je m'empressais de croquer. Je cherchais un endroit naturel, des arbres, de l'eau : la Perth river. Les courants d'eau rapide, en friction avec la pierre produisaient les ions négatifs ; j'avais déjà senti son effet positif sur mon âme aux abords du gave de Pau, Alexander Taylor l'avait théorisé dans son livre sur les vertus curatives de cette ville.

Je m'assis sous un arbre et tentais de recouvrer mon esprit perdu, en continuant de manger mes betteraves. J'avais lu que la betterave était efficace pour décalcifier la pomme de pin, et sa couleur pourpre rare me confortait dans cette idée. Eventuellement, je me rapprochais de l'eau pour être au plus près des ions, là où le courant était le plus rapide. J'enjambais, ma botte de betteraves en main, sur les pierres instables pour atteindre un terre plain central, et dans l'eau je vis une carte rouge entre des galets. Je me penchais pour la saisir, c'était la carte bancaire d'une certaine Mme Stewart. Quelles étaient les chances ? Je continuais et m'installais au plus proche des rapides, et je débusquais le nœud d'un vieux chêne, parfaitement équilibré, qui ressemblait à ces masses pictes qu'ils utilisaient comme armes, ou à celles avec laquelle on avait coutume de représenter Hercules. Quelle trouvaille ! Finalement, le daemon devait toujours être là, quelque part.

Je quittais Perth pour prendre la direction du Dulmahoy hôtel où se tenait une première rencontre informelle du clan, et où le clan se retrouvait pour un premier apéritif, comme ils allaient en avoir beaucoup d'autres. On se présentait, et chacun racontait l'histoire de sa famille. Je faisais connaissance avec les candidats au rôle de commander et dont nous connaissions déjà les résultats, c'était comme escompté Kevin J Logan, et dont la responsabilité était de débusquer, par des recherches généalogiques précises, le chef de clan légitime. Cependant, dès son élection, ; il était devenu le chef, évidemment. La majeure partie du clan venait des Etats-Unis, et on me remit un petit bandeau de sponsor, car j'avais fait donation d'une somme supérieure à la moyenne pour l'occasion. La rencontre était bon enfant et cordiale, et la moyenne d'âge élevée. Personne ici ne semblait envisager l'éventualité d'un retournement de situation, ou d'une découverte impromptue du chef de clan descendant du dernier Logan de Restalrig. Nous étions là en vacances, sans vraiment aucune ambition de clan autre que le cérémoniel, si ce n'est un certain John Logan, entrepreneur un peu plus enthousiaste que la moyenne et bitcoin aficionado, mais bien en rang derrière le nouveau commander. En somme, ils pratiquaient tous plus ou moins ici la stratégie de l'autruche, pour ne pas faire de vagues avec la famille royale en place, qui chapotait en dernière instance la cérémonie par le biais du Lord Lyons of Arms.
Je fis la connaissance d'une certaine Jeannette Logan, une vieille dame vivant au Canada qui avec son mari français avaient fait le tour du monde en bateau, une femme indépendante et juste qui ne craignait pas de voyager seule du haut de ses 75 ans, et nous convînmes de nous rendre ensemble le dimanche à l'Eglise de South Leith, pour rendre hommage à Logan de Restalrig.

Pendant la réception, l'alarme à incendie s'était déclenchée, et c'avait sonné la fin des festivités pour moi, qui décidais que ma tâche fut accomplie pour aujourd'hui, et je rentrais pour Restalrig.

36

« La Volga a rien inventé, Buchenwald non plus, la Muraille de Chine non plus, ni Nasser, ni les Pyramides, ni les solides coups de pied aux culs !... il faut que ça avance et c'est tout !... Et en cadence ! et tous Ho ! Hisse ! »

D'un château l'autre, Céline

Après la rencontre, je décidais de boire un verre dans un des plus vieux pubs de Leith que fréquentent des habitués, et j'adressais la parole au premier venu, un vieil homme seul qui semblait sympathique. Nous échangeâmes et j'appris qu'il était un ancien militaire, il venait de loin pour fréquenter précisément ce bar là tous les jours, et je ne voyais pas vraiment pourquoi parce qu'il n'avait rien de clinquant et qu'il s'asseyait seul pour boire, mais je supposais qu'il était de nature routinière.
Il me raconta qu'il avait passé 5 ans dans l'armée, dans l'Himalaya, ce qui me fit relativiser mes malheurs. Il m'apprit aussi qu'il avait été appelé un jour dans un château hanté ; le chef du clan Douglas, habitait, d'après ses dires, le château de Carbisdale, voulait qu'il sorte pêcher la truite de nuit dans le Fyfe of Firth, et il semblait en avoir gardé un bon souvenir, bien que coupable d'y avoir trop souvent jeté des filets qui avaient raréfié le bon poisson. L'endroit était celui d'une lourde défaite de Charles I et des royalistes Stuarts en 1650 contre les parlementaires, impliquant des trahisons des highlanders. Bâti par le clan Sutherland du côté des parlementaires ; il semblait bien que ce lieu fût bien hanté et qu'il attende le retour des royalistes légitimes puisque ses propriétaires nombreux ne purent s'y installer durablement du fait des harcèlements permanents d'esprits... Il avait été transformé en Auberge de Jeunesse pendant un certain temps, avant d'être successivement racheté et revendu, délabré au fil du temps. Le château avait été racheté en 2022 par une riche transgenre hachémite du nom de Samantha Kane, connue pour avoir changé de sexe 3 fois. Elle remettait le château en vente le jour même pour 3.5 millions, après y avoir investi une dizaine de millions en réparations... ça ne pouvait pas être une coïncidence, c'était le

château du Clan Logan. Je devais en faire l'acquisition, pour le symbole.

Au deuxième jour des festivités, le clan se retrouva à la chapelle St Triduana à Restalrig, où étaient enterrés quelques Logan et où un simple vitrail arborait le nom Logan de Restalrig. Arrivé à l'avance, je fis la rencontre d'un personnage intéressant, l'ancien généalogiste du clan qui s'était marié à une Anglaise et installé dans le sud de l'Angleterre, un homme doux et convenable avec lequel nous échangeâmes jusqu'à la quasi-découverte d'un ancêtre commun, lorsque vint nous interrompre un grossier Logan de Ayrshire américain, se faisant appeler JR. La conversation à plat, je me résignais à visiter le puit, et découvrais en y poussant la chansonnette ses vertus curatives, et son accord exact sur mon timbre vocal que d'autres chanteurs du clan ne purent reproduire ; la géométrie du lieu s'accordait sur ma voix... étrange. Les templiers avaient-ils bâti leurs constructions sur des mesures sacrées, pour qu'ils raisonnent avec certaines fréquences ? Y avait-il une forme de code génétique inscrit dans la voix ? Je ne savais pourtant pas chanter...

Suite à cette visite, nous nous retrouvions dans un bar non loin, le Logan's Rest. J'aperçu JR commander sa bière au bar, de son ton méprisant habituel, il vexait la serveuse. Les impressions ne trompaient pas. Au bar, des habitués du lieu étaient là, et ils semblaient espérer un événement hors du commun, une révolution, eux qui depuis si longtemps attendaient le retour de Logan de Restalrig ; tout le monde l'avait dans le coin de la tête, mais personne n'en parlait ; la chappe de plomb qui pesait sur ce pays était palpable, poids désagréable d'une famille royale détruisant une culture ancestrale ; son retour était-il encore possible ?

Une animation était prévue : sur le son d'une cornemuse une petite fille allait performer une danse traditionnelle, dans sa petite tenue de laine et ses ballerines tressées. Je ne pus m'empêcher de constater que la tenue, comme la danse étaient trait pour trait celles que j'avais connu toute mon enfance au Pays-Basque, non pas sur un fonds de cornemuse mais sur un air de txistu, cette petite flute aigue que les basques connaissent bien. Nos cultures, si elles n'étaient pas identiques avaient des racines communes, c'était une évidence.

Je sentais une énergie puissante bouillonner en moi. Le clan avait organisé un petit banquet, et j'avais la ferme intention de leur faire acheter le Carbisdale ; je m'adressais directement au commander afin qu'il en fasse l'annonce, car je ne voulais pas empiéter sur son autorité. Après m'avoir confirmé qu'il le ferait, je constatais la supercherie et s'y refusant, j'entrepris de lever les fonds moi-même. Quelques des membres du clan exprimaient un intérêt certain, mais avec 400,000 pounds, j'étais loin du compte...

Le généalogiste en chef, un certain Sean Logan, avait organisé un questionnaire sur le clan Logan. Je savais d'avance qu'il éviterait toute référence à Logan de Restalrig, lui qui avait si subtilement mis en avant ses ancêtres comme porteurs de l'histoire du clan... Bardé des diplômes, c'était un personnage assez insignifiant, aux talents d'orateur médiocres, et on sentait que tout le monde s'ennuyait un peu. Je décidais de prendre le micro, pour deux questions subsidiaires : quel était le clan impliqué dans l'incident du Gowrie, et comment s'appelait l'hôpital établi par Logan de Restalrig.

En me retournant, je vis le regard de la foule des habitués s'illuminer, et ils m'approchèrent tous pour faire ma connaissance. L'un d'eux avait mis en fonds musical sur le Jukebox la chanson des Proclaimers, *Sunshine on Leith* pour me remercier. Ils n'en croyaient pas leurs yeux et leurs oreilles, et me demandaient si j'étais un guide payé, ou un Logan. Ils me montrèrent le signe secret de Restalrig, et bizarrement, je l'avais vu faire par ma mère... Moi-même, je n'en revenais pas, et mon intervention avait, comme l'alarme de la veille, sonné la fin des festivités, pour le clan Logan tout du moins, puisque tous les membres du bar semblaient alors vouloir m'offrir à boire. Prudence était de mise ; car j'avais repéré ici des indics, comme il y en avait dans tous les bars, je ne tardais pas à partir.

37

Le serpent est l'essence de l'homme dont il n'a pas conscience. C'est le mystère qui afflue vers lui depuis la terre-mère nourricière.

CG Jung, Le Livre Rouge

Ce matin-là, j'étais passé à Leith pour voir si je pouvais avoir accès à l'église de l'ancêtre, mais comme d'habitude tout était verrouillé. La messagerie du téléphone avait plus d'un an, et ça ne répondait pas. Je me décidais à nourrir les pigeons et écureuils, et constatais l'agressivité des mouettes. Me tenant au milieu des mouettes, elles n'approchaient pas, et m'en écartant, elles revenaient. Si j'éliminais ces mouettes par du pain empoisonné, j'aurais probablement eu droit aux albatros. Il fallait aussi nourrir les mouettes mais d'un autre côté, elles pouvaient aller pêcher, fainéantes mouettes.
Un australien à la face tatouée de signes Vikings m'approcha, et s'étonna de voir un franco-australien trainant à Leith. Je fus courtois, et appris qu'il était gay et qu'il avait fait ses tatouages tout récemment. Il appréciait que j'eusse vécu à Darlinghurst, le plus grand quartier homo du monde. Il répétait beaucoup take care, l'australien, mais ça n'avait plus aucun effet sur moi.

Ce jour-là, il se tenait la convention officielle de l'élection du commander dans une piètre église à la porte rouge, à Dalkeith. A mon arrivée, je me garais et repérais une belle église templière comme je les aimais : elle avait été privatisée et occupée par un business de construction. Je m'approchais, et constatais que c'était la première organisation écossaise à prendre exclusivement des paiements en bitcoins ; décidemment les bitcoiners avaient du goût.

Je me plaçais devant l'église où se tenait notre cérémonie, vêtu de mon kilt et paré de la masse en bois picte trouvée dans la rivière Perth, et je recevais soudain des signes de danger : je ne devais pas assister à cette cérémonie, j'allais me faire mal. Après avoir croisé quelques Logan et m'être fait remarquer par mon allure étrange, je décidais qu'en lieu et place de cette cérémonie je devais me rendre à la chapelle St Anthony, manger de la menthe sauvage et gravir la colline de Holyrood. Je me garais et passais voir la fontaine St

Margaret, car après tout c'était le nom de la première reine d'Ecosse, et celui de ma mère. J'en profitais pour y pousser la chansonnette : même constat, la coupole avait les mêmes proportions que celle de St Triduana. Je gravis la colline, et m'installais non loin d'un joueur de cornemuse, qui m'octroyait une joie immense lorsqu'il jouait *Amazing Grace*.
Je redescendais songeant à tout ce ridicule cérémoniel, celui du Jeudi saint, celui de l'élection de commander, cette recherche de médailles permettant d'apposer une étiquette sur une compétence, un rang ou un statut plutôt que de faire démonstration expresse de ses compétences. On vivait artificiellement par les étiquettes, les bons points et la hiérarchie corrompue qui nous les attribuaient... Pourtant il semblait bien qu'un rayonnement universel eut très bien fait l'affaire. Enfin bon. Sur la route, je croisais une belle jeune femme qui enfilait un capuchon à rayures bleu et blanc dans ses cheveux, comme celui des pharaons. C'était évident, j'avais pris en évitant cette cérémonie la bonne décision, qui sait ce qu'elle aurait engendré...
Je voulus confirmer mes intuitions quant aux bâtisses templières et leurs vertus curatives, et je pris le pari avec moi-même que la chapelle Rosslyn, celle du Da Vinci Code, eut été construite dans les mêmes proportions. Cette chapelle, où les photos sont interdites, respire d'un mystère puissant, qui a trait aux méthodes de construction. Je ne parviens pas à dire quoi, mais des hiéroglyphes s'y trouvent, des formes qui rappellent à l'ankh et un mystère reste à percer, par-delà celui de la fréquence sonore. Peut-être fallait-il combiner la fréquence à autre chose ? Peut-être cette fréquence avait-elle une fonction que j'ignore, permettait elle d'amplifier une onde existante, ou combinée à une autre fréquence produirait-elle certains effets inconnus ? Il n'en demeure pas moins que je descendais dans la crypte pour retenter l'expérience, et pari tenu, à mon chant la vibration qui soigne se reproduisit. Était-ce donc ça, le trésor des Templiers, la capacité de soigner par vibrations ? Il n'en demeure pas moins que l'intention des Templiers, en construisant ces édifices, était pure et qu'on avait tenté d'annihiler, pour des raisons qui m'étaient inconnues, leurs efforts considérables.
Ou bien, tout simplement, quelques-uns profitaient amplement de la maladie générale de l'âme.

38

Le Peuple souffre quand le Prince pèche.

Thomas Creech

J'étais sorti fumer une cigarette au coin de la rue du Airbnb de Restalrig où je résidais encore pour quelques jours, et je vis individu à l'air suspect roder autour du van. Je le vis prendre note des plaques minéralogiques, et se retournant j'aperçus à l'arrière de son crâne un tatouage de Kangourou. Je fis le lien avec celui de Leith aux tatouages scandinaves, et je dus me remettre en route précipitamment. Dans ce type d'entreprise, il fallait être prêt à battre en retraite ou prendre la fuite, être constamment en mouvement. La routine vous exposait à des risques certains, et après déjà 4 nuits passées là, j'étais compromis. Finalement, il fallait être comme l'écureuil, agile et peureux, vaillant dans la bonne mesure, mais suffisamment agressif pour porter un coup fatal permettant de libérer les enfants de l'emprise d'un serpent solidement enroulé autour de leur cou, les suffocant. Tuer un serpent seul était difficile pour l'écureuil, mais ce n'était pas nécessaire ; il fallait lui faire suffisamment peur pour qu'il se calme et qu'il s'en aille.

Je passais la nuit dans mon van aux abords d'une plage, et en profitais pour préparer mes hommages à Logan, et effectuai quelques recherches sur un auteur qui m'avait été évoqué lors de la première rencontre du clan Logan, une certaine Eliza Logan. Elle avait écrit deux séries de romans en 1850 publiés par MacLachlan, l'un du nom de Restalrig, La Forfaiture et l'autre du nom de Saint_Johnstoun, Earl de Gowrie. Ces deux romans historiques évoquaient les événements du Gowrie, les responsables et la supercherie dont ils avaient été victimes. Au petit matin, j'allais récupérer Jeannette au Dulmahoy Hotel. Au check-out ; elle se plaignait des lumières mal installées dans sa chambre, tout en soulignant la qualité de son séjour. Elle exprimait des remontrances légitimes pour un hôtel de ce standing, elle devait se lever avant d'aller dormir pour éteindre l'interrupteur et leur conseillait d'installer un interrupteur à côté du lit. Je ne me verrais pas faire ce type de remontrances, mais elle avait raison…

Nous arrivâmes du côté de la South Leith Parish, et c'est elle qui prit les devants pour explorer le lieu, elle fouillait tous les recoins à la recherche d'informations. Elle m'apprit que la sépulture avait été cachée sous un terrain de jeu pour les enfants dans le coin de l'Eglise. J'en fouillais tous les recoins, maintenant que j'y avais enfin accès. Dans la salle du fond, sur une dalle de pierre au sol était écrit « Memento Mori ». Le presbytère dans le fond à droite était utilisé comme une réserve de nourritures : chocolats, bonbons, chips il y en avait absolument partout et je pensais qu'ils devaient parfois organiser de bons barbecues, bien que je ne les eusse pas vu.

Le pasteur actuel d'une trentaine d'années était un suppléant, puisque l'ancien n'exerçait plus. Il était très propre sur lui, bien peigné et aux attitudes efféminées. Je m'approchais de lui, dans mon kilt et lui expliquais la raison de notre présence inhabituelle, que nous venions de loin pour rendre hommage aux Logan et qu'il venait de se tenir l'élection d'un commandeur sous la supervision du Lord Lyon. Il me demanda quel était mon rôle dans le clan, et je lui répondais que j'étais un simple membre, mais que j'aimerais tout de même dire quelques mots au pupitre. Je lui demandais s'il ne travaillait que le dimanche et s'il était payé. Il me dit que oui, et que parfois, en des circonstances spéciales il pouvait même prétendre à des heures supplémentaires ; un pasteur était devenu un fonctionnaire comme les autres.

Après son introduction, il m'invita poliment au centre de la salle. Une cinquantaine de fidèles étaient là, et aussi des curieux inhabituels aux vues des interactions sociales asymétriques. Je commençai par me présenter, la raison de ma venue à Leith, l'élection d'un nouveau commander de clan, et je fis un rappel sur la présence ici de la sépulture de mon ancêtre et sur son importance dans la ville de Leith. Je racontais mon road trip, et l'anecdote de Durham où j'avais été puni de la ville pour cause de prière. L'assemblée ria quand je leur en expliquais l'hypothétique raison : ils craignaient une nouvelle révolte Jacobite. Je leur révélais ensuite le secret des templiers, que Jesus était un Bouddha et ques les cryptes templières résonnaient sur le OM Indien. Pour finir, je me permis un petit sermon aux prêtres dont voici la transcription, c'était l'introduction remaniée de la Bible de la Liberté d'Eliphas Lévi, et je dois dire que son bon sens eu un franc succès :

« A vous tous cœurs souffrants, malades et brisés, qui avez besoin d'amour, et qu'on n'aime pas en ce monde mauvais. A vous exilés qui voyagez sur la terre sans y trouver une patrie, et qui pleurez en regardant le ciel. Espérez mes frères car le consolateur ne tardera pas à venir. Lorsque le Christ, abandonnant la terre, s'éleva glorieux dans les nuées du ciel, ses disciples se croyaient orphelins et pleuraient.

Mais des anges les consolèrent en leur disant hommes de Galilée, pourquoi restez-vous là pleurant et regardant le ciel ? celui qui s'en va reviendra plus glorieux encore.

Et c'est ce que je vous dis, à vous, pauvres brebis délaissées d'une religion qui semble avoir quitté la terre. Ne soyons pas des hommes de Galilée le monde entier est notre patrie. Et notre Dieu n'est pas seulement le Dieu de Jérusalem ou de Rome c'est le Dieu de tout l'Univers. La synagogue des Juifs croyait avoir seule des promesses d'Eternité et voilà que le Christ est venu une fois et a aboli la loi de Moïse en l'accomplissant d'une manière plus sublime. Il est vrai que Moise avait annoncé un autre prophète. Mais le Christ n'a-t-il pas annoncé la venue de l'esprit d'intelligence qui enseignera toute vérité, et qui fera de l'humanité une famille de prophètes ?

J'ai encore beaucoup de choses à vous enseigner, dit-il à ses apôtres mais vous ne pouvez maintenant les supporter. Il est nécessaire que je quitte la terre ajoute le sauveur car si je ne m'en vais point le consolateur ne viendra point ; mais lorsque je m'en irai, je vous l'enverrai. Le Christ doit donc faire place sur la terre au consolateur. Si le grain jeté dans la terre ne meurt point, dit encore le maître, il reste seul et infructueux ;
Mais s'il se corrompt et meurt, il rapporte des fruits en abondance. La semence du Christ a donc dû mourir pour germer. C'est pourquoi, pauvre peuple attelé à la charrue,

console-toi la moisson sera belle. Voici venir le temps annoncé par le prophète Joël.

En ces jours-là, dit le Seigneur, je répandrai mon esprit sur mes serviteurs et sur mes servantes et l'homme ne dira plus à son frère connais le Seigneur car tous le connaîtront et l'aimeront dans la liberté de l'esprit.

Voici ces jours de plénitude qui succéderont à la stérilité et à la grande apostasie ; ces jours de la virilité chrétienne dont parle l'apôtre, lorsqu'il promet à l'humanité qu'elle sera un jour délivrée des lisières de la hiérarchie et du despotisme des prêtres.

La nouvelle synagogue est devenue stérile comme l'ancienne et cette Lia, aux yeux malades, est jalouse des enfants de Rachel.

J'entends déjà le conseil de Caïphe crier contre moi il, a blasphémé ! Et des voix hypocrites répondre sourdement il mérite la mort ! Je ne m'en étonne pas ; j'ai lu le récit de la passion du maître. Mais comme l'ancienne la nouvelle synagogue doit confesser son impuissance devant les Césars dont elle est l'esclave, et dire crucifiez-le car il ne nous est plus permis de tuer personne.

Le sceptre est donc tombé des mains de Judas et vous êtes obligés de flatter ceux que vous haïssez afin qu'ils se fassent bourreaux et qu'ils servent à votre haine. Frères je vous pardonne et je vous plains et Dieu m'est témoin que je voudrais être anathème pour vous mais j'obéirai à Dieu plutôt qu'aux hommes.

Ne craignez point la mort, dites la vérité, recherchez le bien suprême, soyez libres et vous vivrez pour toujours. Et surtout, persévérons.

Alétheía – Thousía - Eleuthería – Athanasía –
Verité – Sacrifice - Liberté – Immortalité

Les signes annoncés ont paru le cadavre attire les aigles et l'éclair de l'intelligence brille de l'orient à l'occident. Voilà le second avènement du Christ incarné en vous et dans l'humanité, voilà l'homme-peuple et Dieu qui se révèle.

Hosannah à celui qui vient au nom du Seigneur. »

Je brandissais un frisby, cercle jaune en forme de peace and love, sous les applaudissements étonnés du public, en qui le message était bien passé malgré des doutes initiaux sur sa direction.

La messe continua pour encore une heure où le pasteur compléta sa routine et son sermon, avec la qualité d'éloquence et de diction qui le caractérisaient.

En fin de messe, nombreux fidèles vinrent me saluer et me remercier de mon intervention, des Stewart, un professeur d'Oxford qui s'excusa de l'événement de Durham au nom des Anglais et quelques autres qui voulurent me livrer quelques secrets.

En sortant, une dame inquiète m'interpella à propos de mon kilt : « c'est ça votre interprétation du kilt écossais ? ». Et je lui expliquais d'abord que j'aimais le porter ainsi, en version relax, puis que j'étais écrivain, et qu'un dernier livre au titre de L'Apocalypse de Logan venait de sortir ; elle retorqua qu'elle devait le lire. Elle se sépara bien vite de nous, car elle devait être plus aux faits que moi des risques encourus, et voulait visiblement en dire le moins possible... Je lui demandais tout de même son nom alors qu'elle était déjà à bonne distance, MacLachlan. Le nom de l'éditeur d'Eliza Logan. Et moi de répondre, MacLachlan, c'est très bien ça ! C'était aussi le nom de l'acteur qui joue l'enquêteur Dale Cooper dans Twin Peaks, vous savez, cet enquêteur intuitif...

Linda Street-Ely, membre américaine du clan, avait entrepris la « réécriture » des livres d'Eliza Logan. Histoire peut-être trop gênante, qu'il faille la réécrire.

Cette Histoire, au contraire, je tentais de l'écrire, et je devais encore me rendre au Lochend Parc.

Prochains titres à paraitre :

- Eliza Logan : Restalrig ou La forfaiture vol. 1
- Eliza Logan : Restalrig ou La forfaiture vol. 2
- Eliza Logan : Saint Johnstoun, John, Earl du Gowrie vol. 1
- Eliza Logan : Saint Johnstoun, John, Earl du Gowrie vol. 2
- Eliza Logan : Saint Johnstoun, John, Earl du Gowrie vol. 3

Livre 2

Le Retour des Templiers

Karma Chrétien, Service Public et Futur de l'Occident

Partie I

Problèmes spirituels

Premier rempart au nouvel âge d'or :
Le casse-tête des monothéismes

Image extraite du Beatus de Saint-Sever
Paon et Serpent

"D'abord, j'ai choisi pour demeure le tombeau d'un Pharaon. Mais un enchantement circule dans ces palais souterrains, où les ténèbres ont l'air épaissies par l'ancienne fumée des aromates. Du fond des sarcophages j'ai entendu s'élever une voix dolente qui m'appelait ; ou bien, je voyais vivre, tout à coup, les choses abominables peintes sur les murs ; et j'ai fui jusqu'au bord de la mer Rouge dans une citadelle en ruines. Là, j'avais pour compagnie des scorpions se traînant parmi les pierres, et au-dessus de ma tête, continuellement des aigles qui tournoyaient sur le ciel bleu. La nuit, j'étais déchiré par des griffes, mordu par des becs, frôlé par des ailes molles ; et d'épouvantables démons, hurlant dans mes oreilles, me renversaient par terre. [...]

Je me suis réfugié à Colzim ; et ma pénitence fut si haute que je n'avais plus peur de Dieu. Quelques-uns s'assemblèrent autour de moi pour devenir des anachorètes. Je leur ai imposé une règle pratique, en haine des extravagances de la Gnose et des assertions des philosophes. On m'envoyait de partout des messages. On venait me voir de très-loin. [...] Cependant le peuple torturait les confesseurs, et la soif du martyre m'entraîna dans Alexandrie. La persécution avait cessé depuis trois jours.

Ah ! voici ! « La Reine de Saba, connaissant la gloire de Salomon, vint le tenter, en lui proposant des énigmes. » Comment espérait-elle le tenter ? Le Diable a bien voulu tenter Jésus !

Mais Jésus a triomphé parce qu'il était Dieu, et Salomon grâce peut-être à sa science de magicien. Elle est sublime, cette science-là ! Car le monde, - ainsi qu'un philosophe me l'a expliqué, - forme un ensemble dont toutes les parties influent les unes sur les autres, comme les organes d'un seul corps. Il s'agit de connaître les amours et les répulsions naturelles des choses, puis de les mettre en jeu ?... On pourrait donc modifier ce qui paraît être l'ordre immuable ?"

La Tentation de Saint Antoine (I), Gustave Flaubert

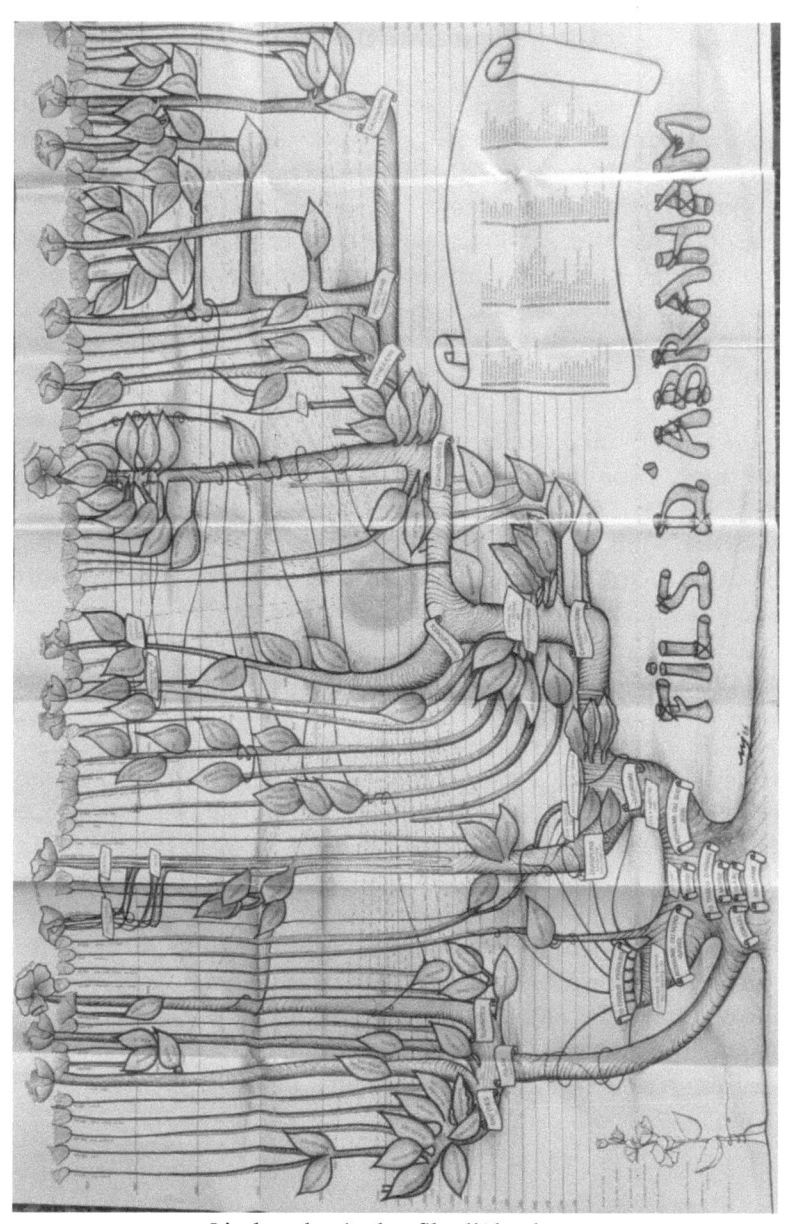

L'arbre de vie des fils d'Abraham

Comment démêler cet arbre sans en couper la base ?

Dieu, l'irrationnel et le druide

Lorsqu'on parle de Dieu et d'ésotérisme, on se situe dans une sphère qui sort du domaine de la raison, celui de la magie, et il vaut mieux avoir quelque affinité avec l'absurde et le non-sens, car la magie est le pendant inverse de la raison. Les Grecs, bien qu'inventeurs de la logique formelle et du syllogisme, avaient une certaine aisance avec l'irrationnel et comprenaient consciemment ou inconsciemment, suivant les périodes, le concept de fatalité et l'aspect inévitable et tragique de certaines décisions prises, volontairement ou sous la contrainte.

Ils conçoivent qu'il existe un plan de Dieu et qu'en sortir n'apporterait que foudre et dévastation, et on comprend alors l'héroïsme et le sacrifice de soi omniprésent dans leur mythologie. Pour approfondir le sujet, ER Dodds dans son livre « Les Grecs et l'irrationnel », expose très justement le rôle du chaman dans la société grecque, et en donne la définition suivante :

« C'est une personne psychiquement instable qui a reçu une vocation à la vie religieuse. En conséquence de sa vocation, il subit une période de formation rigoureuse, qui comprend habituellement la solitude et le jeune, et qui peut comprendre un changement psychologique de sexe. Il sortira de cette « retraite » religieuse, doué du pouvoir, réel ou présumé, de passer à volonté dans un état de dissociation mentale. [...] il n'est pas possédé par un esprit étranger mais sa propre âme est présumée quitter son corps et voyager vers des terres lointaines, le plus souvent vers le monde des esprits. De ces expériences qu'il raconte dans des chants improvisés, lui viennent l'habileté dans la divination, la poésie religieuse et la médecine magique qui lui donnent son importance sociale. Il devient dépositaire d'une sagesse supranormale. »

Genèse et philosophie hermétique

Dieu créa l'homme et la femme à son image, et c'est la division première, la dualité génétique. La genèse nous raconte qu'Adam et Eve en leur jardin d'Eden eurent été défendus par Dieu de manger du fruit de l'arbre de la connaissance, et qu'un serpent, avatar de Satan persuada Eve d'enfreindre l'ordre de Dieu pour en consommer, ce qui eut pour conséquence la déchéance de l'humanité vers la conscience du bien et du mal et la conscience de soi, autrement dit la connaissance. Adam rejette la faute sur Eve, Eve sur le serpent et tout le monde est puni, ne sachant reconnaitre et avouer ses fautes. De cette histoire nait le conflit perpétuel entre l'homme et la femme autant qu'entre la vie de l'esprit et celle de la matière, qui pousse l'homme au travail pour subvenir à ses besoin matériels tout en devant aussi tant bien que mal cultiver son âme. Paul Diel dans *La Symbolique dans la Bible nous* dit la chose suivante : « le péché originel de la nature humaine, la tentation de la multiplication excessive de ses désirs, devra être châtié, expié, pour que l'humanité, par la souffrance qu'elle endure et dont elle est seule responsable, surmonte la tentation de l'exaltation imaginative et accède à une nouvelle étape évolutive, LA PLEINE CONSCIENCE (par opposition à la MI-CONSCIENCE dans laquelle nous nous trouvons encore), pleine conscience qui fut vécue au cours de l'histoire par quelques hommes d'une capacité exceptionnelle. Ceux-là ont été appelés fils de Dieu – Jésus le Christ et Gottama le Bouddha – parce que Dieu, l'éternelle loi de l'harmonie, s'est incarné en eux jusqu'à leur dicter la totalité de leur activité. »

Comparons cela avec Poimandrès, le premier traité Hermétique que nous avons reçu en Europe de Jean de Stobée, et dont le titre semble être un syncrétisme entre Grec et Egyptien qui signifie littéralement « La connaissance de Rê », et qui nous présente l'origine de l'univers, le rôle de l'homme, sa chute dans la matière et son retour possible vers le divin par la connaissance.
« Mais toi, qui es-tu ? » — « Moi », dit-il, « je suis Poimandrès, le Noûs de la Souveraineté absolue. Je sais ce que tu veux, et je suis avec toi partout ». Et moi je dis : « Je veux être instruit sur les êtres, comprendre leur nature, connaître Dieu. Oh », dis-je, « comme je

désire entendre ». Il me répond à son tour : « Garde bien dans ton intellect tout ce que tu veux apprendre, et, moi, je t'instruirai. ». A ces mots, il changea d'aspect, et subitement tout s'ouvrit devant moi en un moment, et je vois une vision sans limites, tout devenu lumière, sereine et joyeuse, et, l'ayant vue, je m'épris d'elle. Et peu après, il y avait une obscurité se portant vers le bas, survenue à son tour, effrayante et sombre, qui s'était roulée en spirales tortueuses, pareille à un serpent à ce qu'il me sembla. » [...]

« Et alors, dénudé de ce qu'avait produit l'armature des sphères, il entre dans la nature ogdoadique, ne possédant que sa puissance propre ; et il chante avec les Êtres des hymnes au Père, et toute l'assistance se réjouit avec lui de sa venue. Et, devenu semblable à ses compagnons, il entend aussi certaines Puissances qui siègent au-dessus de la nature ogdoadique, chantant d'une voix douce des hymnes à Dieu. Et alors, en bon ordre, ils montent vers le Père, s'abandonnent eux-mêmes aux Puissances, et, devenus Puissances à leur tour, entrent en Dieu. Car telle est la fin bienheureuse pour ceux qui possèdent la connaissance : devenir Dieu. Eh bien, à cette heure, que tardes-tu ? Ne vas-tu pas, maintenant que tu as hérité de moi toute la doctrine, te faire le guide de ceux qui en sont dignes, afin que le genre humain, grâce à ton entremise, soit sauvé par Dieu ? »

On a donc au tout début de ce premier traité hermétique une référence au serpent, qui n'est pas l'origine du mal, mais un phénomène consécutif à la lumière. C'est la découverte du serpent dans la recherche honnête de la connaissance alliée à une forme d'appréciation de l'homme qui permettent de faire pousser les fruits sur l'arbre, comme on y fait référence dans les « sphères ogdoadiques », et que cette recherche s'effectue par fidélité aux instructions reçues intuitivement de Dieu et permettant à l'individu de rejoindre leur Panthéon. Ici, points de références à la nature tentatrice de la femme mais une recherche de son moi profond (le nôus) et de l'amour de son prochain. Ailleurs, dans les traités hermétiques on mettra encore en avant les aspects positifs du serpent et on l'associera à la santé :

« Il n'était ni mordant ni trompeur, mais doux ; c'est pourquoi ils le laissèrent dans le sanctuaire du plus compatissant des dieux, et ceux qui avaient découvert cela en premier l'assignèrent comme serviteur d'Asclépios. »

Quand on juxtapose les deux textes, on peut se demander si la Genèse n'est pas une version réécrite et inversée de Poimandrès. Dans la Genèse, la connaissance est défendue par Dieu et encouragée par le serpent ; dans Poimandrès, la connaissance est encouragée par Dieu et le serpent en est produit naturel, nature effrayante qui traverse les éléments du bas vers le haut, en quelque sorte par une expérience subjective effrayante ; l'arbre et le fruit dans la Genèse sont immuables et on ne doit surtout doit pas en cueillir, dans Poimandrès on comprend que plus il y a de chercheurs (qu'on pourrait appeler gnostiques), plus les fruits poussent, et faire pousser les fruits sur l'arbre est une finalité en soi. Contrairement à ce qui est suggéré dans la Genèse, dans Poimandrès il semble tout à fait possible qu'il y ait plusieurs Jésus ou Bouddhas ; les prérequis y sont définis comme les suivants : avoir « bon fond », présenter une certaine philanthropie honnête et avoir enclenché une démarche de recherche, qui est avant tout une recherche individuelle, détachée du rapport au sexe opposé. On comprendra alors que la dualité homme femme existe en chacun de nous, de même que le sombre serpent ; et pour se dompter soi, il faudra être honnête et se confronter sérieusement à son ombre personnelle.

Giordano Bruno, bûcher et Apocalypse

C'est le dernier grand nom sérieux à avoir voulu libérer le Karma chrétien et il est mort brulé vif après maintes tentatives de lui faire fermer son clapet par le Vatican. En effet, il criait haut et fort que l'esprit saint régissait l'univers, et prônait un « retour de la magie personnelle », et en quelque sorte du Panthéon Grec et Egyptien.

L'esprit saint, loin d'être un simple concept est une réalité physique, dont le Vatican, par une connaissance profonde de la magie ancienne, a verrouillé les portes. Il faut bien croire que certains responsables vaticanaires n'ont pas intérêt à laisser s'ouvrir ce qu'ils voient comme la boite de pandore ou l'apocalypse...

Si on associe l'apocalypse à toutes sortes de monstruosités, c'est du fait de 2000 ans de mauvaises interprétations et des deux bombes atomiques qu'on a récemment lâchées sur le Japon. Evidemment, ça fait peur. L'un des premiers conseils fondateurs du christianisme comme il y en eut beaucoup pour se mettre d'accord sur un dogme commun, fut le Concile de Laodicée au IVe siècle, et on refusa tout simplement d'intégrer l'Apocalypse de Jean au dogme.

En Grec, « apocalypse » signifie littéralement « dévoilement ». Dévoilement de quoi ? De la vérité, de la lumière, de l'intelligence, et l'apogée d'une nouvelle ère. Notre problème à tous, particulièrement ceux qui sont nés avant 2001, c'est qu'on est à cheval entre deux ères, et que ça nous demande une grande transformation personnelle que d'accepter le passage dans la nouvelle...

Et puisque l'apocalypse est une histoire écrite par les esséniens pour maintenir l'ère du poisson chrétien aussi longtemps que possible, et que c'est d'ailleurs ainsi que se « design » (ou se conçoit) une religion, en faisant peur au fidèle en y plaçant des bornes à ne pas franchir, (car quel bon chrétien voudrait la survenue de l'apocalypse ?) et d'autre part grâce au fonctionnement « technique » de la mystique, encore détenue par un petit groupe de l'ancienne ère, nous avons bien le cul entre deux chaises.

Il faut donc voir l'Apocalypse d'un œil positif... et je sais comme il est difficile de se libérer de vieilles croyances. Mais laissez-moi tenter d'abord de vous expliquer comment fonctionne la mystique, c'est-à-dire la construction de notre réalité qu'on aurait trop vite fait de croire physique et matérielle, c'est important !

Comment fonctionne la mystique ?

Sans parler de mystique, Jung a élaboré une théorie scientifique de l'inconscient collectif, et avec un certain recul et expérience, je pense pouvoir formaliser l'égalité suivante

Mystique = Inconscient collectif = Etat Profond

L'inconscient collectif, pour simplifier au maximum, c'est la somme des projections des inconscients personnels sur l'écran de la réalité. L'inconscient personnel lui est l'ensemble des désirs refoulés et des peurs enfouies.

On comprendra donc l'importance du récit, de la mythologie et des histoires sur la formation de la mystique, donc de la réalité. Si une petite fille regarde « La Fiancée de Chucky », un film d'horreur présentant une poupée meurtrière, 3 fois par jour, il est fort à parier que son inconscient soit submergé d'étranges visions autour des poupons. Il est possible que l'exposition à cette horreur ait l'effet contraire, et qu'elle immunise la personne aux frayeurs nocturnes que pourrait susciter la vision d'une poupée décrépie la nuit. Ou encore, et c'est surement le pire des cas, cette petite fille pourrait s'identifier à la poupée meurtrière. Car c'est finalement le décryptage de l'information reçue, qui a trait à la qualité du media, ou au charisme de celui qui raconte, et au somatisme du récepteur qui détermine l'impact que pourrait avoir la projection sur l'inconscient collectif. On comprend alors l'importance de la connaissance de soi, de la méditation, de la prière, du sport, de l'introspection et de toutes pratiques permettant d'être bien dans son corps et dans sa tête.
Pour illustrer un élément influent de la mystique, nous pourrions prendre pour exemple la fin de Game of Thrones. Plutôt que de nous offrir une fin équilibrée avec un mariage entre le roi du nord de type celtique-scandinave John Snow symbolisé par le Loup et la reine d'orient Daeneris symbolisée par le Dragon, on représente le dragon comme un nouvel apocalypse qui viendrait abattre le feu sur l'homme, comme dans l'apocalypse chrétien, on enferme le bon roi dans sa prison et on tue la reine. Finalement, c'est l'état profond qui gagne. Belle optique et belle suggestion mystique.

On prendra en France pour autre exemple deux écrivains qu'on pourrait rapprocher comme détenteurs d'une certaine mystique française, similaires à l'auteur médiatique dans Orange Mécanique, Louis Ferdinand Céline et Michel Houellebecq, qui forment une paire d'opposés parfaite, tout comme c'est le cas de Freud et Jung, et qui s'annulent l'un l'autre. Ces deux auteurs brillent par leur style, bien que Céline précède Houellebecq. Vous me direz que ça dépend d'où l'on se place, que c'est relatif, mais, pas tout à fait.

Céline est détenteur d'une mystique positive, et par positive j'entends qui est en harmonie avec la nature, c'est-à-dire avec les bêtes, les plantes et l'homme. On devra regarder une des rares interviews du médecin de profession pour constater qu'il vibre avec la nature, les oiseaux autour de lui chantant à la moindre de ses paroles dont le débit est élevé malgré les persécutions qu'il a subi toute sa vie, et encore ses descriptions des bas-fonds parisiens ou anglais de *Guignols Band* qui décrivent la prostitution et les trafics en tous genres nécessaires à la survie ont toujours un point de vue très humain et sensible. Car les trafics sont un mal fatal et nécessaire à la survie de cette drôle de bande qui y est décrite sans plaisir, ni moquerie.

Houellebecq au contraire détient une mystique « négative », bien que fortement promue par le système, elle divise, sert le vice et elle raisonnera plutôt avec la machine, les boites de nuit, clubs échangistes et les produits chimiques, et on pourrait le rapprocher de Gainsbourg. Le système actuel promeut à grands renforts de tambours presque exclusivement cette mystique décadente et faite pour diviser la société, on citera l'exemple de son ouvrage *Décadence* qui nous donne le choix entre la République Islamiste et l'autocratie Marine Lepen, décrivant une situation dont on se rapproche à grands pas ; construction mystique ? Ou encore pourrions-nous prendre l'exemple de *Lanzarote* et de son tourisme du sexe misérable dont Houellebecq est un consommateur, et qui n'a rien à voir avec un point de vue de Céline qui décrit une misère qu'il a lui aussi subie. Houellebecq décrit le vice ordinaire d'une société vide de sens et de spiritualité. C'est ce qu'on aime aujourd'hui, ça excuse nos propres vices que d'en décrire toujours de pires. Ainsi soit-il.

Enfin, pour revenir sur Kubrick, son œuvre est très particulière, puisqu'elle est à la fois négative et positive, œuvre charnière de la totalité. A première vue, elle représente la décadence et ainsi suivant le fonctionnement de la mystique, son œuvre engendre cette décadence. Cependant, comme c'est présenté dans le premier Tome, on constate que de manière occulte, sa filmographie est vectrice d'une mystique positive cachée. Je sais, c'est tordu mais dans le système où progressait Kubrick, il devait cacher le bien puisqu'on promouvait le mal, c'est assez incroyable et symptomatique de l'époque de laquelle on sort, quand on y pense. C'est ainsi que l'œuvre de Kubrick est la charnière du grand mouvement cosmique auquel nous assistons en ce moment même, car en pressant la chute il favorise le rebond. Il faudra cependant le chercher dans les symboles pour s'en rendre compte.

Donc, les histoires qu'on aime, les mots qu'on prononce, les évangiles qu'on lit, les pensées que l'on conçoit, les informations que l'on subit, les séries qu'on regarde sont autant de données qui viennent peupler nos inconscients personnels et qui se projettent sur l'inconscient collectif pour créer une sorte de compromis de réalité vibratoire interprétée par nos systèmes nerveux respectifs, dans le bouillon électromagnétique dans lequel nous progressons, qui a au bout du compte très peu de réalité physique et matérielle.

Il semblerait par ailleurs que certains individus, ce que semble confirmer l'extrait précédent de Poimandrès, du fait de caractéristiques génétiques particulières, aient un poids plus important dans leurs projections sur l'inconscient collectif, ce qui fait que la formule que j'ai présentée n'est pas tout à fait exacte. D'après mon expérience, mes lectures de Jung et mon intuition, et en grossissant le trait afin d'amener le lecteur à un certain niveau de compréhension approximative, on pourrait dire qu'il y a deux types de personnalité dominantes : les extravertis, qui projettent leur subconscient à l'extérieur et qui tirent de l'énergie des interactions sociales, et les introvertis qui consomment leur énergie vitale dans leurs interactions sociales et puisent leur énergie en projetant leurs raisonnements à l'intérieur.

Il semblerait bien que cette deuxième catégorie, dont je fais partie, aient un poids supérieur dans la formation de la mystique. Il y a des cas particuliers qui ont une puissance mystique, par entrainement ou par hasard, considérable. C'est probablement une fonction électro-chimique dont je n'ai pas connaissance qui en est la cause. Lorsque des introvertis découvrent par hasard le poids de leur subconscient dans la formation de l'inconscient collectif général, il en résulte généralement, de nos jours, un internement psychiatrique pour cause de schizophrénie, ce qui était autrefois considéré comme possession démoniaque, et qui tout compte fait convenait mieux à l'état décrit, mais que je nommerai plutôt un « premier sursaut de l'âme ».

On comprend alors tout l'intérêt de la famille, de la communauté, de l'entourage, de la tradition orale et les dangers de la publicité et des médias dans la forge de la réalité…

Introvertis, Schizophrènes, Bipolaires : pauvres mages

Dans une société religieuse au vrai sens du terme, c'est-à-dire une société qui parvient à allier récit positif et fédérateur de société avec expériences pratiques par stades d'initiations, on verrait assez peu de cas de « schizophrénie » dangereuse, comme l'engagé Baleine dans *Full Metal Jacket*. Cependant, la société de l'« entertainment » et du réseau social est une société construite pour l'extraverti et laisse très peu de place aux introvertis. Que les introvertis se rassurent, l'ère du Verseau, le nouvel âge d'or, est une ère dont la mystique sera régie par les introvertis avertis, Elon Musk auto-érigé leader des autistes.

C'est dans la psychiatrie moderne qu'il faut chercher une bonne partie des problèmes de la mystique, psychiatrie qui trouve sa source une nouvelle fois en Angleterre avec le Bedlam Hospital, le premier hôpital psychiatrique « nouvelle génération » et qui a connu la chronologie de traitements suivants : exorcisme, trépanation, thérapie de chocs, médicaments et camisole chimique.

Lorsqu'un individu vit le premier cas de ce qu'on appelle dans le jargon médical une « psychose clinique » mais que je nommerai plutôt un « premier sursaut de l'âme », car c'est bien d'une manifestation consciente du karma négatif et des refoulements dont il s'agit, âme qui cherche à se rééquilibrer à la suite de mauvaises actions que nous avons pu commettre délibérément ou non. En effet, chaque mauvaise action que nous commettons, c'est-à-dire chaque élément du vivant qu'il soit individu, animal, plante à qui vous aurez infligé une souffrance, laisse une petite brèche ouverte dans votre subconscient pour le harcèlement de démons qui rôdent et qui peuplent une armée invisible toujours agrandie des individus qui traversent leurs vies sans avoir jamais éveillé leurs âmes. C'est l'armée des morts, pour reprendre l'exemple de Game of Thrones. La schizophrénie ou les humeurs fluctuantes sont un appel au secours de votre âme, inconscience manifestée tentant de réveiller votre conscience pour unifier votre corps et votre esprit, souvent fragmentés ou en manque de différenciation, fragmentation qui crée une forme de court-circuit électrique sous forme de dissonance cognitive. Car la fin ultime de l'âme, c'est la différentiation, la découverte de la nature individuelle, de son « essence » pour le bourgeonnement de l'arbre personnel. C'est en faisant bourgeonner son arbre personnel qu'on fera bourgeonner l'arbre de vie collectif.

Il n'est donc pas étonnant que la mystique, et par extension notre arbre de vie occidental, soient aujourd'hui en piteux état, car on enferme tous ceux qui ont le malheur de ressentir l'appel de leur âme en hôpital psychiatrique, on leur colle des étiquettes sur le front et on les blinde d'anti-psychotropes qui sont autant d'annihilateurs d'âme. On pourrait aller jusqu'à dire que les introvertis et schizophrènes sont des mages, et qu'on anéanti tous les mages au lieu de monter des écoles de sorciers bienfaisants, que pourraient être les Eglises, temples et autres monastères et lieux de culte et qui formeraient une nouvelle élite de conscience…

Les pigeons et les mouettes

Le langage des oiseaux est un langage des plus anciens. On constatera la place qui leur est accordée dans les représentations et l'écriture Égyptienne.

Celui qui vit en bord de mer et se plait à nourrir les oiseaux aura peut-être constaté la chose suivante : il y a une lutte du pain entre pigeons et mouettes ou albatros. Généralement, les pigeons sont en supériorité numérique mais il suffira d'une ou deux mouettes pour mettre en fuite une volée de 30 pigeons. C'est que le pigeon n'est pas très judicieux, il se bat généralement avec son congénère pour la miette, la coopération n'est pas son fort. La mouette est indépendante et sanguinaire et n'en ferait qu'une bouchée. Le moineau est habile et il ne se mêle pas au reste, agile il se saisit de la plus grosse miette qu'il ramène à son nid, et je suis toujours impressionné par sa capacité à observer, entrer pour ressortir aussitôt bien loti.

Ce que j'ai également pu constater, c'est qu'en me tenant au milieu des pigeons, et en focalisant mon attention sur les mouettes, celles-ci ne daignaient pas s'approcher, et que je me transformais en véritable épouvantail. Il faut cependant que je me trouve là debout, et que mon intention soit bien focalisée contre les mouettes. En effet, si je me tenais là en focalisant mon attention sur les pigeons, je crains bien que les pigeons n'auraient plus qu'à aller faire les poubelles.

La ville de Rome ces dernières années est submergée de mouettes, et c'est une mouette qui accompagna la récente fumée blanche au-dessus du conclave qui a vu élire Léon XIV, soit un assez mauvais présage d'un pape progressiste en termes de valeurs et conservateur sur le dogme… Nous verrons bien. Peut-être qu'il serait judicieux de placer là un épouvantail.

La famille espagnole : un modèle à suivre pour réparer la mystique

On a tous croisé, dans les gares parisiennes ou en vacances à la mer, ces grandes familles d'Espagnols qui voyagent avec la grand-mère, les enfants, les petits-enfants. Il n'est pas rare de voir même 4 générations qui voyagent ou marchent ensemble à la montagne, et ils en viennent même parfois à louer des bus à l'occasion des vacances annuelles. Par extension, ces familles vivent souvent sous un même toit, ce qui fut le cas aussi en France dans la société d'avant 40. L'aide des vieux est précieuse pour élever les enfants et transmettre l'histoire orale et les traditions familiales, et en comparaison, nous avons eu tendance à le moquer en France avec le phénomène Tanguy, de ce jeune qui ne veut pas prendre son envol, bien loti chez papa maman. Tanguy, c'est un autre problème, celui de l'enfant trop couvé, et ne faisons pas l'amalgame entre un Tanguy et un foyer multigénérationnel qui devrait être une fierté nationale. Dans un tel foyer, il y a toujours quelque chose de mieux à faire que de regarder la télé.

Comment on s'occupe des vieux

L'EPHAD ou la maison de retraite est le second grand problème de la mystique occidentale. Je vois beaucoup de couples français qui ont hâte de se débarrasser de leurs enfants ou de leurs parents. Je me rappelle mon ex me dire sans vergogne avant mon retour d'Australie « ce n'est pas grave pour tes parents n'y pense pas, tu peux juste les mettre en maison de retraite au moment voulu ». D'une part, ça coute très cher, ce sont de véritables pompes à fric, 2000 euros par mois, et d'autre part les contraintes administratives qui pèsent sur ce type de lieu, contraintes que nous aborderons en seconde partie de cette étude, engendrent des travailleurs peu satisfaits et usés. Du fait du poids administratif, nous avançons à grands pas vers une société de l'euthanasie généralisée, ce qui aurait dans la fonction karmique de l'univers la pire des répercussions : de tous temps et de toutes cultures le soin des anciens fut à la base de la civilisation. En Chine, j'ai pu constater les conséquences qu'ont pu avoir les meurtres de leurs parents par quelques individus trop sensibles ou trop lassés par la charge des soins. C'est une vie d'errance.

Les maisons de retraite ont aussi un poids considérable dans la mystique, puisque tous ces vieux casés dans leurs chambres ont généralement pour seul compagnon la boite noire, la télévision qui bout inlassablement leurs subconscients, projeté dans la réalité sous forme de craintes et d'angoisses...

Il faut redonner une utilité aux vieux, c'est-à-dire les mettre en contact avec les jeunes, qu'ils servent à la transmission générationnelle. C'est assez simple, une Église ou une salle communale, une salle de classe d'enfants, quelques vieux qui racontent leurs vies, partagent leurs expériences et montrent leurs savoirs faires, tous les jours, spontanément d'abord puis systématiquement.

Comment on célèbre nos morts

Il fut un temps où au Pays-Basque on se mariait dans sa rue, et où la voisine vous enterrait. Plus exactement, dans le rituel de l'ezkoa, c'était la voisine la plus proche qui portait le la bougie tourbillon en cire du deuil jusqu'au cercueil, lors de la veillée funèbre. Evidemment cette pratique poussait à avoir de bons rapports de voisinage. Il semble bien que ce rapport de voisinage ait disparu, car quand je m'approche, soit pour dire bonjour, soit pour offrir un coup de main dans mon quartier, lorsque par exemple quelqu'un déménage, c'est avec étonnement voire hostilité que je suis reçu.

En Chine, la fête des morts s'appelle Qingming, littéralement le « nettoyage des tombes ». En France, c'est l'équivalent de la Toussaint qui est placée au 1er novembre du calendrier, mais qui fut autrefois placée le 13 mai. Quelle fut la raison de ce changement n'est pas très clair, peut-être le prix des fleurs, mais le bon sens voudrait que pour nettoyer une tombe, nous le fassions sous des auspices ensoleillés, dans la joie, la chaleur et la bonne humeur. Une journée de fête non officielle célébrée par la Chine est la fête des fantômes, qui consiste à faire des offrandes aux esprits orphelins et aux fantômes sauvages. Chez nous c'est la veille de la Toussaint et ça s'appelle Halloween qu'on a transformé en fête commerciale. Peut-être devrait on réintroduire la célébration originale Celte, celle du Samain qui consistait tout comme la fête Chinoise à laisser aux esprits errants un petit casse-croute et une pensée positive. On s'ennuie dans l'au-delà, surtout quand personne ne pense à nous…

Enfin, je vais aborder ici un aspect beaucoup plus radical et qui risque d'en choquer certains qui ne sont pas du tout familier avec le fonctionnement des esprits… Il faut comprendre que la majeure partie des vieux, notamment ceux en EPHAD, auront traversé leur vie sans jamais vraiment se réveiller. Ceux-là, en mourant, vont aller peupler l'armée des morts errants et reviendront hanter les vivants. Cela semble très fantasmagorique, mais c'est la pure vérité, et pour le comprendre il faudra regarder du côté des différents paganismes, ou encore lire le Livre Rouge de Jung qui en explique très bien le fonctionnement… Sans aller jusqu'à dire qu'on devrait manger nos morts, nous avons besoin d'un changement radical dans l'accueil de la mort. Comme je l'ai dit précédemment, nous nous approchons à grands pas d'une généralisation de l'euthanasie qui serait la plus grande faute karmique que nous puissions commettre… et si c'est dans cette voie que nous nous engouffrons, sans un accompagnement spirituel suffisant, nous courrons ici un grand danger civilisationnel. Nous devons établir pour nos anciens un rituel de rachat, semblable au consolamentum des cathares, en accord avec les services hospitaliers qui offrent le « service » de l'euthanasie et opérés par un sage ou un juste, afin que les âmes des personnes non-éveillées de leur vivant n'aillent pas peupler cette armée des morts… Sans ce rachat, la seule option pour libérer l'âme d'un mort est la consommation rituelle du foie du défunt par ses proches… Il paraitrait donc judicieux que ce rituel, et la conservation du foie du défunt, devienne un service offert par les thanatopracteurs et autres fournisseurs de services de pompes funèbres, de même que l'accès aux prêtres initiés, aux sages et aux justes pour l'accompagnement final et le rite du consolamentum.

L'Islam

L'Islam, la dernière des religions monothéistes sortie en 682 après Jésus, fut une tentative de réparer le Christianisme, et émane directement de la philosophie et de la métaphysique Aristotélicienne, comme pourra le prouver l'un des ouvrages fondateurs Islamique *La théologie d'Aristote*. La conception de l'Islam est bien différente des autres monothéismes puisqu'elle ne distingue pas l'état de la religion, et la charia ou la loi islamique est de facto la loi étatique. Par ailleurs, l'Islam a un fonctionnement bien différent du Catholicisme dans sa structure hiérarchique puisque n'importe qui peut se prétendre imam et prêcher la religion, ce qui a ses bons et ses moins bons côtés, et rapproche cette religion de la franc-maçonnerie en ce que tous ses membres (en théorie) y sont égaux, mais en faisant une religion disparate où ce sont généralement ceux qui crient le plus fort, les plus riches et les plus charismatiques qui ont le dernier mot. Pas forcément les plus sages ou les plus sachants.

La pratique du Zakat, un des piliers de l'Islam, encourage ses membres à aider les plus démunis en faisant donation (sacrifice) d'une portion de leurs revenus (2.5% à ce que j'ai entendu) pour les plus pauvres, donation faite directement et sans l'intermédiaire de la Mosquée, comme ça peut être le cas de l'Eglise. Si on ajoute à cela la prière régulière et la place laissée à Dieu dans le quotidien, l'importance accordée à la lecture du Coran, un texte relativement simple, la prescription d'un jeune sacrificiel (Ramadan), l'interdiction de l'alcool et le concept du Al Hissab, sorte de grand livre comptable des bonnes et mauvaises actions équivalent plus ou moins à la notion de Karma, nous sommes en présence d'une religion dont les membres ont une tradition bien établie et un rayonnement karmique puissant. Néanmoins, la charia est problématique au sein de nos sociétés occidentales car elle prend le risque de la ghettoïsation et la constitution d'un état dans l'état.

Je rencontre régulièrement des musulmans qui ont étudié sérieusement l'Islam dans le texte et qui sont doux comme des agneaux, très loin des racailles dont on nous fait un grand tapage médiatique, qu'ils soient Sémites ou Africains.

La tradition ésotérique de l'Islam, le sufisme, sera au terme de sa vie celle que choisira le grand mystique français René Guénon, qui était par ailleurs franc-maçon et orientaliste, très probablement du fait de sa richesse et de sa proximité avec la pensée antique, notamment avec la pensée grecque, elle-même très intriquée avec la pensée orientale.

Le Judaïsme et l'antisémitisme

J'ai longtemps cru moi-même que les juifs étaient responsables de tous les maux sur terre. En effet, il est fort probable que les histoires qu'on nous raconte sur les chambres à gaz et l'extermination des juifs soient un mensonge sans nom, une construction mystique de dernière minute, et je vous referrerai pour le comprendre au *Silence de Heidegger* d'Alain Doumergue ou encore aux déclarations de Kubrick à propos de sa communauté. Les juifs ont une mythologie très vivante, c'est le moins qu'on puisse dire, et comme nous, ils sont les croyants de l'histoire qu'on leur impose dans une communauté multiple et disparate...

Cependant, quand on comprend le fonctionnement de la mystique, la fonction karmique de l'univers et la place qu'occupent les juifs dans celle-ci, c'est-à-dire celle d'équilibrer l'ensemble du rite chrétien déséquilibré, en endossant tout le rôle du diable, on comprend mieux pourquoi ils furent acculés à établir ce mythe moderne, sous peine de destruction définitive de leur arbre de vie.

En quelque sorte, les juifs ont besoin d'être sauvés d'eux même, et j'ai coutume de dire qu'il vaut mieux faire avec le diable qu'on connait qu'avec celui qu'on ne connait pas... Et on comprendra alors pourquoi ils sont si pressés qu'on ressuscite Dieu, c'est-à-dire le Grec et le Christianisme des origines. J'ai moi-même beaucoup cherché et je vous souhaite bonne chance pour trouver l'origine du mal, et si vous croyez que ce sont les juifs, il faudra faire intervenir la complexité dans un raisonnement quelque peu simpliste dont j'ai moi-même pu être victime. La source du mal est individuelle ; pas collective.

La Franc-Maçonnerie Spéculative

La Franc-maçonnerie spéculative est en quelque sorte devenue la succursale du Judaïsme dans la lutte contre le Christianisme dévoyé, depuis cessation de sa tradition ésotérique qu'on pourrait situer à l'exécution de Marie Stuart et marquant la fin du processus enclenché avec la dissolution des Templiers en 1307, bien qu'on présente la franc-maçonnerie comme les successeurs des templiers. Suivant ce qui précède, on peut comprendre comment a pu se monter la « religion laïque » de la franc-maçonnerie dont l'objectif plus ou moins avoué a été la destruction du Catholicisme.

La franc-maçonnerie émane à l'origine des guildes de bâtisseurs, car en effet, si on ne comprend pas bien aujourd'hui comment ont pu se construire les pyramides d'Egypte, ou même certaines cathédrales du Moyen-Age, c'est parce qu'on a totalement oublié la réalité matérielle du karma et son impact sur les performances physiques et mentales.

On pourra le constater en regardant certaines représentations anciennes de chantiers égyptiens, où autour des ouvriers, en amont, se trouvaient des prêtres et des oiseaux, qui sont très probablement dans un état de transe et envoient leurs énergies telluriques et leurs connections divine aux ouvriers. Car ces monuments ont très probablement été dictés par Dieu. Dans l'inconscient moderne, ces prêtres ont été remplacés par des esclavagistes qui infligent des coups de fouets et c'est tout de suite beaucoup moins agréable...

La constitution de la franc-maçonnerie spéculative actuelle trouve ses sources dans la formation de la grande loge d'Angleterre, peu après la reconstruction de la ville de Londres par Christopher Wren le magnétiseur et la rédaction d'une nouvelle constitution maçonnique par James Anderson, un cancre relativement inéduqué pour se voir confier cette tâche, mais surtout très épris de pouvoir.

En effet, si on en croit le français Desaguliers, assistant de Newton à l'Université d'Oxford, c'est bien Anderson qui fit éliminer toutes références à Dieu et au Christianisme dans la Franc-Maçonnerie, qui obligeait précédemment « fidélité à Dieu, à la Sainte Eglise et au Roi ». Il fit supprimer tous les documents qui y faisaient de près ou de loin référence. On comprend donc pourquoi le Vatican s'est tiré une balle dans le pied d'avoir éliminé les Templiers (ou presque) qui étaient les garants de cette tradition ésotérique, passée aux mains non plus de l'Eglise mais de la couronne Anglaise, avec la fin du Stuartisme, à la mort de la belle Marie Stuart au profit de la pas si belle reine Elizabeth...

Dans la filiation idéologique d'Anderson, on trouvera en Ecosse le très fameux Robert Burns, un paysan devenu poète, anobli par la descendante de Robert de Bruce (premier roi d'Ecosse) alors qu'elle a 91 ans, on sent l'arnaque, personnage qui nous apporta le chant « Ce n'est qu'un aurevoir » et présente tous les aspects de l'ambitieux sans scrupules, sa loge s'apparentant plus à un bordel qu'à une tribune philosophique... En effet, pour appartenir à la loge de Burns établie dans le Ayrshire, ses membres se voyaient obligatoirement assignés une « prostituée » afin de garder le contrôle sur les frères, ce qui avait valu à Ayrshire l'installation par les Huguenots belges d'une usine de dentelles... C'est d'ailleurs le descendant de Burns qui établira le premier orphelinat de Sydney, celui du War Memorial de North Paramatta que j'ai déjà évoqué dans les précédents tomes. Et je vous livre ici un indice en dentelle pour comprendre d'où émane le fonctionnement de l'organisation Epstein. Soit, ce fut un mode d'organisation comme un autre pour les 400 dernières années, la compromission, et il a fait son temps, ce n'est pas une panacée.

Dans ce contexte tout masculin, on comprendra la réaction postérieure des femmes qui dans le féminisme trouvèrent un refuge, un phénomène de compensation aux abus d'hommes « irresponsables », féminisme qui lui aussi est allé trop loin, comme j'en ai déjà compté un exemple avec la reprise par une marâtre trompée de l'orphelinat établi par Burns de North Parramatta et qui aboutira sur l'équivalent d'un système de placements en foyers d'accueil du type ASE (Aide Sociale à l'Enfance). Le déséquilibre des pôles se perpétue dans le temps et l'espace, forcé de constater...

Pour revenir à la Franc-Maçonnerie, en termes généraux, on pourrait dire que c'est une organisation tout ce qu'il y a de plus machiavélique, qu'elle a endossé la charge de faire le mal pour le bien, et qu'elle a pris la vilaine habitude de faire le mal... et il semblerait bien qu'une grande partie de la franc-maçonnerie spéculative soit corrompue. Encore une fois, il est nécessaire de dissocier l'organisation de l'enseignement, puisque la franc-maçonnerie est avant tout l'art royal, et il faut garder en tête que son idéal est celui de l'homme libre, donc de l'homme responsable et libéré de toutes astreintes hiérarchiques, ce qui est pour tout dire antinomique lorsqu'on fait référence aux « grades maçonniques ». Je vous conseillerais ainsi la lecture de Goethe, qui est passé par les loges pour en voir le fonctionnement, pour très vite en sortir.

Il n'est pas nécessaire de joindre une loge maçonnique pour s'initier aux secrets, d'autant moins de nos jours avec la quantité de livres en libre accès. Les voies du seigneur sont impénétrables, et les étapes de l'initiation sont personnelles et uniques, il faut qu'elles prennent un sens en votre âme et conscience, telle est la clé. Il faut chercher, comme dans la chanson de Pierpoljak, *A l'intérieur*.

Les femmes seront des femmes quand les hommes seront des hommes

C'est à l'homme qu'incombe la lourde tâche de porter la tradition, les valeurs et la spiritualité. L'abandon d'une stricte spiritualité ritualisée et pratiquée au sein du foyer par les hommes, quelle qu'elle soit, pour se focaliser essentiellement sur les matchs de foot et l'augmentation de richesse ne permet pas à la femme de développer son aspiration au spirituel, qui se matérialise avant tout chez la femme dans l'admiration de son conjoint et dans l'acte sexuel. Le devoir conjugal est nécessaire au maintien de l'équilibre psychique individuel, et donc de l'équilibre sociétal. J'ai vu récemment bon nombre de femmes mariées m'aborder dans une sorte de détresse en me confessant que leurs maris ne les baisaient plus. Des belles femmes qui plus est. C'est une situation gênante pour tout le monde. La femme pour sa part, si son homme est valable, devrait se tenir au rôle de la force douce, celle qui aiguille son homme sans l'offusquer en prenant soin des choses et en le mettant en valeur.

Afin d'équilibrer l'homme de son côté, et la femme du sien, il est nécessaire que l'homme découvre sa part de féminité, que Jung nomme anima et qui est symbolisée par une petite fille, et qui permettra l'empathie nécessaire à la compréhension de sa partenaire. A contrario, la femme doit découvrir sa partie masculine, son animus, représenté par un petit garçon, sans quoi elle risque de devenir une virago, hystérique et féministe.

Ces étapes de développement sont réalisées par la découverte profonde de ses deux parents, de leurs essences propres, de leurs histoires et généalogie, pour aboutir en leur sacrifice symbolique permettant le détachement nécessaire à libérer la psyché individuelle. Je parle ici en termes psychologiques, pas de sacrifices humains ni de distance physique, mais bien de la distance psychique. Combien d'adultes sont encore rattachés aux jugements de leur parents et ne s'en extraient jamais vraiment ? Ces déséquilibres individuels laissent place à des êtres assez peu épanouis et mal réglés, manquant de calme, et contribuent à déséquilibrer la société en se perpétuant. Si j'y fais référence ici, c'est que chacun de nous, en connaissance, peut agir pour aider son prochain dans son développement, qu'il soit ami, collègue ou voisin. Pour approfondir, tout ceci est très bien expliqué chez Jung, de manière scientifique dans « *Dialectique du moi et de l'inconscient* » et symbolique dans *Le Livre Rouge*.

Le trésor des Templiers : fréquences saines et secrets de fabrication

Le sujet a déjà été partiellement abordé dans mon récit de road-trip en Ecosse et dans les parties précédentes. J'ai eu l'occasion de tester en des lieux différents les effets de la géométrie sacrée des constructions templières : dans la chapelle St Triduana, dans la crypte de la chapelle Rosslyn, et enfin à la fontaine St Margaret qui est désormais positionnée dans le Holyrood Park, après que les cheminots l'aient déplacée pour construire par-dessus un hangar à wagons, et je subodore que ce remplacement n'est pas anodin, car les templiers ne plaçaient pas leurs fontaines par hasard, comprenne qui pourra.

L'expérience que j'ai fait en ces lieux est la suivante : j'ai chanté, en essayant diverses fréquences, pour éventuellement tomber sur une vibration harmonique parfaite qui avait le plus bel effet, sur moi-même et sur les visiteurs de ces lieux. J'ai réitéré l'expérience avec un chanteur, et ça ne fonctionnait pas pour lui, car il semblerait bien que la construction sacrée ne resonne qu'avec certains timbres, ou après un certain entrainement. J'ai pour ma part une voix caverneuse, ça a toujours été problématique pour me faire comprendre, mais j'ai toujours aimé pousser la chansonnette, notamment des chants Basques appris en mon enfance. J'ai donc enregistré la fréquence dans mon téléphone et je l'ai ensuite passée dans un logiciel pour identifier de quelle note il s'agissait : c'est le DO#. Après quelques recherches, je découvrais que le DO# est la fréquence des chants sanscrits Indiens, et celle du OM hindou. Dans la crypte de la chapelle Rosslyn, je m'étais placé à un endroit particulier, en face d'une représentation d'un système d'ondes gravée dans la roche que j'ai pris en photo malgré l'interdiction, et que je vous présente ci-dessous, juxtaposé à l'image habituelle des chakras.

L'expérience serait à retenter puisque la correspondance du Do est celle du chakra racine, permettant d'élever la Kundalini de sa base, et peut-être d'autres notes par progressions successives permettraient-elle d'atteindre à des stades supérieurs. Je découvre (comme vous peut-être) un pan inexploré du monde. Je peux néanmoins vous garantir que l'effet du chant vibratoire est véritablement physique, élève et soigne l'âme de celui qui y est exposé.

Comme je vous l'expliquais, il n'est pas aisé d'avoir accès à ces espaces aux géométries sacrées, et un autre lieu que j'ai n'ai pas pu visiter est le Prieuré de Perth, puisque ce monastère Cartusien (de Chartreuse) du 15ème siècle fut détruit à l'arrivée de James VI pour y construire l'Hôpital à son nom, et fait aujourd'hui office d'appartements. Tout porte à croire que la charnière spirituelle se soit opérée à l'installation sur le trône de James VI, au moment de l'incident du Gowry et dont, comme vous probablement, je n'avais jamais entendu parler.

Jésus Christ : première tentative de mise en place d'un bouddhisme occidental ?

Pour comprendre qui était vraiment Jésus-Christ, il faudra lire *Rex Deus* de Tim Wallace-Murphy et *les Manuscrits de la mer morte* de

Dupont-Sommer. Jésus fut très probablement élevé dans la secte des Esséniens. Cette secte, issue de la très ancienne secte des Thérapeutes issus d'Alexandrie, qui au premier siècle était réputée pour ses prophéties, fut très respectée, même d'Hérode. Les Esséniens pratiquaient, dans leur stricte communauté, la recherche de ce qu'ils appelaient « la Voie ». Voici ce que dit Pline l'ancien des Esséniens au premier siècle après JC : « les Esséniens s'écartent des rives sur toute la distance où elles sont nocives. C'est un peuple unique en son genre et admirable dans le monde entier au-delà de tous les autres : sans aucune femme, et ayant renoncé entièrement à l'amour ; sans argent ; n'ayant que la société des palmiers. De jour en jour, il renait en nombre égal, grâce à la foule des arrivants ; en effet, ils affluent en très grand nombre, ceux que la vie amène, fatigués par les fluctuations de la fortune, à adopter leurs mœurs. Ainsi, durant des milliers de siècles, chose incroyable, subsiste un peuple qui est éternel et dans lequel, cependant, il ne nait personne : si fécond pour eux le repentir qu'ont les autres de leur vie passée ».

Dans l'Histoire ancienne des juifs de Flavius Josephus, le grand historien juif-romain de la Judée originellement écrit en Grec, il cite cette phrase d'Aristote : « Les Juifs descendent des philosophes Indiens. Ils sont nommés par les Indiens Calamis et par les Syriens Judéens, et sont nommés en référence à leur lieu de résidence qui est la Judée. » Le nom Abraham est d'ailleurs très similaire au nom Brahman, la « caste dominante » indienne, comme a déjà tenté de le faire valoir Voltaire dans son dictionnaire philosophique.
Cette information semble confirmée dans la scène de l'orgie centrale dans *Eyes Wide Shut* de Kubrick, où le fonds musical *Migrations* de Jocelyn Pook est un ancien chant sanscrit. D'ailleurs, la communauté hindoue américaine a porté plainte en diffamation contre la Warner du fait que le *shloka*, le texte chanté dans le son, est l'un des plus sacrés de la Baghavad Gita. Si vous écoutez un des anciens CD de la bande son, vous pourrez clairement identifier les paroles suivantes :

> « paritranaya sadhunam
> vinasaya ca duskritam
> dharma-samstapanarthaya
> sambhavami yuge yuge »

qui signifient :
« Pour la protection des vertueux, pour la destruction des méchants, et pour l'établissement ferme du Dharma (la droiture), je prends naissance et m'incarne sur Terre, d'âge en âge. ». Il est reconnu que l'Inde possède une codification des rituels tantriques et de l'art du couple et du sexe dans le Kama Sutra. Peut-être Kubrick souhaitait-il nous mettre sur la piste d'une dérive malsaine des tribus d'Abraham, ou encore voulait-il nous mettre sur la bonne voie, celle que je tente d'exposer ici...

Wagner le compositeur, avant de livrer son chef d'œuvre chrétien, voire Catholique, « Parsifal » sur la quête du Graal, avait esquissé le drame bouddhique « les Vainqueurs » qu'il abandonna, dit-il, parce que seul les dogmes et la symbolique chrétienne ne seraient compréhensible à son auditoire. D'ailleurs, le Christ n'est jamais représenté sur scène dans Parisfal, bien qu'il soit évoqué, car Parsifal n'est qu'une image parmi tant d'autres, sublimée par l'art qui prend une place supérieure à la foi, car la réalité est finalement plus importante que la religion, et qu'il faut avant tout comprendre afin de tirer les enseignements de la foi et les partager.

Considérons maintenant que les Thérapeutes (ancêtres des Esséniens) à l'époque de la regrettée bibliothèque d'Alexandrie eurent accès aux livres, aux langages et aux pratiques venus d'orient, notamment d'Inde, ou bien qu'ils fussent tout simplement des descendants d'Indiens. On comprendrait alors pourquoi ils préparèrent la venue d'un bouddha occidental, issu de la famille de David. On comprendrait également pourquoi leur secte attirait, puisqu'ils avaient quelques secrets de l'âme leur permettant l'accès au divin. Enfin, on comprendra que les édifices templiers furent construits en accord avec le DO#, le DO# étant la note du OM et des chants traditionnels sanscrits, celle qui permettait d'« élever ses chakras », aussi appelé Kundalini ou serpent.

L'Eglise Celtique, « tradition bouddhique » et Christianisme décentralisé

Selon deux autorités reconnues par l'Église romaine — saint Gildas, écrivant vers 542 apr. J.-C., et le premier historien chrétien Freculphe — il émergea une nouvelle Eglise connue sous le nom de christianisme celtique. Dans l'atmosphère de tolérance instaurée par cette nouvelle religion, l'ancienne religion celtique du druidisme subsista pendant plusieurs siècles en France après l'avènement de la nouvelle foi. Sa particularité principale est son mode de fonctionnement décentralisé et non dogmatique, et sa focalisation sur la conservation des rites anciens, donc de la tradition.

La plupart des druides ne rencontraient aucune difficulté avec cette forme de christianisme initiatique, et devinrent même prêtres de la nouvelle religion tout en conservant leur position privilégiée en tant que membres d'une classe intellectuelle créée par leurs ancêtres mille ans auparavant. Columba, le grand saint Celte, est connu pour avoir prêché « Jésus est mon druide », sans doute l'expression la plus précise de la forme initiatique de l'enseignement de Jésus formulée en Occident.

L'Église celtique développa une forme de monachisme caractérisée par la pureté spirituelle et la simplicité. Les prêtres étaient encouragés à se marier, et le sacerdoce était, comme dans la première Église de Jérusalem, une fonction héréditaire. Comme tous les véritables initiés de cette tradition, ils utilisaient leur intuition spirituelle au service de la communauté qu'ils servaient, et non pour leur bénéfice personnel ou leur statut.

Aucune image de la crucifixion n'était utilisée dans leurs églises, et le baptême des nourrissons était interdit. L'Église celtique rejetait tous les ornements et les avantages du pouvoir temporel, à l'inverse de ses rivaux avides de pouvoir à Rome. La simplicité et l'humilité des moines celtiques contrastaient fortement avec le faste et la solennité du clergé dans le reste de l'Europe et peut-être avons-nous là un bon modèle à suivre pour la suite.

Le Graal : et si c'était Logan de Restalrig ?

Il est établi que Jésus eut des frères et sœurs, on les nomme *desposyni* dans les évangiles. Si on en croit les recherches de Robert Ambelain qui me paraissent sérieuses et corroborent les miennes, compilées dans son livre « *Jésus ou Le Mortel Secret des Templiers* », il établit à partir de Joseph Flavius qu'il descendait de Juda de Galilée et démontre de manière bien sourcée que les Templiers comme les Cathares avaient cessé de vénérer l'idole du Christ comme divinité et qu'ils croyaient au Dieu unique, arguant que ce fut là la véritable raison de l'annihilation de ces derniers par le Vatican.

Qu'il fut le fils de ce Judas de Galilée, rebelle libertaire juif, ou d'un autre, il semblerait bien que Jésus soit issu de la lignée de David, et que le Graal, plus qu'une coupe ou un calice est en fait un ADN, c'est-à-dire une lignée de sang et une descendance avec des propriétés particulières. Donc, le Graal, c'est quelqu'un. De même que nous ne sommes jamais retournés sur la Lune en 60 ans, il semble bien que nous n'ayons pas su, en 2000 ans, répéter le miracle de la résurrection, ce qui ne veut pas dire que son ADN ne circule plus.

Il faudra écouter les interviews de Tim Wallace Murphy ou lire son livre « *Custodians of Truth* » pour en avoir le cœur net, mais la lignée de Jésus Christ est encore largement répandue et protégée, notamment en Ecosse, en France et en Angleterre. Bizarrement, le livre cite de nombreux clans Écossais avec en tête les Saint Clairs qui ont été rendus fameux par Da Vinci Code et la Rosslyn Chapel, mais ces deux livres ne font jamais référence, pas une seule fois, au clan Logan, alors que 2 des membres de l'équipe des 4 chargés de porter le cœur de Robert de Bruce (premier roi d'Ecosse) à Jérusalem furent des membres du clan Logan, et que l'ensemble de la ville d'Edimbourg fut établie par ce dernier. Logan de Restalrig semblait bel et bien jouer le rôle du Druide du nord, puisqu'il construisit hôpitaux, monastères et joua un rôle essentiel dans ce qu'on pourrait appeler les « services à la communauté » tout en restant relativement discret dans les livres d'histoire. Eviteraient-ils tous volontairement le sujet afin de protéger ledit Graal ?

La couronne anglaise a (encore) tué le Christ

Si on garde l'hypothèse précédente en tête, qui se présente à moi suivant mon voyage désormais comme une évidence, on pourrait en conclure que par l'incident du Gowri et le procès qui a suivi, les Anglais, ces nouveaux Romains, ont une nouvelle fois tué le Christ qui était prévu comme le roi d'Angleterre légitime. Pour rappel, l'incident du Gowri est un fait survenu en 1600 où James VI, nouvellement couronné roi d'Angleterre et d'Ecosse fut enlevé par des membres du clan Ruthven, les lords de Gowri. James VI par son habileté aurait su se libérer en tuant ses assaillants... à la suite de quoi il aurait organisé le procès de ses ravisseurs et de son commanditaire, déjà mort et enterré, Logan de Restalrig.

Comme le prouvent les récits contre Logan finalement révoqués par certains témoins clés ou les fausses lettres de George Sprot utilisées comme preuves lors du procès, en vérité tout porte à croire qu'il s'agissait d'un coup monté par James VI lui-même pour s'approprier la fortune restante de Logan, lequel flairant le mauvais coup avait déjà commencé à la cacher en prétendant la dilapider. James VI mit ainsi un terme aux chantiers d'amélioration de la communauté et de la vie sociale que le druide du nord avait entrepris, pour fermer les lieux de soins et effacer complètement le nom Logan de Restalrig de l'histoire, mettre en exil ses descendants et établir en lieu et place la rudesse victorienne qui a permis la révolution industrielle, le capitalisme rampant déspiritualisé que l'on connait aujourd'hui et la surveillance de masse, symptôme d'une culpabilité palpable d'un pouvoir paranoïaque qui a coupé tous les arbres de vie qu'ils ont trouvé sur leur chemin : Indiens d'Amérique, Chine, Japon, Inde, Aborigènes, etc.

Il suffira de jeter un œil au musée d'histoire naturel de Londres pour comprendre le pillage en bon et due forme auquel s'est prêté cette couronne « anti christique », du fait de sa supériorité technologique, qui s'est emparée du monde d'une part par la violence et d'autre part par les techniques de magnétisation qu'on a déjà amplement présentées aux tomes précédents, Christopher Wren en tête, et dont la filiation est aujourd'hui à chercher au sein de l'entreprise SERCO…

Comment ai-je découvert que Christopher Wren était à l'origine de ce système ? La réponse se trouve dans Eyes Wide Shut dans la scène où il démontre la manipulation du fonds cosmologique diffus et le harcèlement en bande : à droite, un panneau STOP avec le tag CMB, à gauche un panneau qui indique le nom un nom de rue : Wren St.

James Tilly Matthews était sur la bonne piste quand il représentait une bande de malfrats dans des sous-sols londoniens, qui étaient probablement les cryptes des temples protestants ou les bas-fonds de la ville après la reconstruction de Londres qui suivit le grand incendie, et lançant des « effluves putrides » magnétiques sur des cibles tout en pratiquant une forme d'hypnose ou de mentalisme sur les personnages clés pour orienter à leur faveur les grands axes de l'histoire européenne et mondiale. Ce James Tilly Matthews, espion franco-anglais, était très probablement lui-même un introverti ayant découvert le poteau rose qu'il tenta de révéler, pour finir interner en hôpital psychiatrique à Bedlam, le tout sur fonds de Revolution Française. Donc est-ce que la couronne anglaise a tué le Christ ? Pas littéralement, puisqu'il était déjà mort. Ils ont fait tout leur possible pour que sa progéniture ne revienne jamais. Hélas…

Un bouillon électromagnétique de mauvaise qualité

Dès lors que les templiers et le Christ ont été tués, il n'y a plus eu d'épouvantail ; et les organisations en tous genres ont pu laisser libre court à leur imagination pour abaisser nos fréquences vibratoires. La musique, les constructions, les ondes, l'eau, la nourriture, les médicaments, les vaccins, les chemtrails, le contrôle météorologique, la télévision, les médias, les drogues ; il semblerait bien que toute la science ait été assujettie à l'abaissement des chakras plutôt qu'à leur élévation.

Prenons l'exemple de l'Allemagne Nazi. Pourquoi accorder tant d'importance aux anciennes cloches et carillons d'Eglise ? En effet, c'est quelque 175,000 cloches que récupérèrent l'Allemagne Nazi, dont il ne restera que 25,000 exemplaires à la sortie de la guerre, et dont on dit qu'elles servaient à la fabrication d'obus. Mais fut-ce vraiment la raison ? Est-ce que les cloches, construites dans une géométrie sacrée, n'avaient pas une utilité beaucoup plus immédiate, celle de soigner ceux qui les entendaient, par vibrations. On pourrait également citer la décision de la Fédération internationale des Standards, qui sous l'influence allemande décida d'établir le diapason 440Hz comme standard musical contre le 432Hz proposé par les Français et les Italiens. Il faudra voir quel impact ces fréquences peuvent avoir sur l'eau pour comprendre lesquelles elles auront sur vous, qui êtes après tout de simples circuits chimico-électriques.

Les villes sont aujourd'hui recouvertes de graffitis, on construit des tours immondes sans prêter la moindre attention aux formes, on recouvrira cela d'une belle fresque dit-on... Le sonore comme le visuel impacte le karma, autant que les produits que nous consommons.

L'air conditionné et l'eau sont très probablement les deux éléments de contrôle vibratoire principaux, dont l'objectif est la calcification de la glande pinéale et la réduction des états de conscience afin de rendre la population docile, agacée, susceptible, dépendante et contrôlable. En rentrant dans un Tesco, cette chaine de supermarchés britanniques, on a d'abord droit à une alarme très désagréable avant l'ouverture des portes automatiques, puis on passe sous un climatiseur qui nous asperge de son gaz. C'est une expérience très désagréable et je ne conseille à personne d'y faire ses courses.

Les Eglises, bien qu'on y entende parfois les vibrations d'un orgue ou d'une chorale, sont assez mal exploitées, et il semblerait que les cloches de remplacement n'aient plus le même effet qu'autrefois. Pour ce qui est des cryptes et des dômes templiers à la géométrie sacrée, tout du moins ceux que j'ai pu visiter en Ecosse, ils sont tous fermés au public et difficile d'accès.

La communion, faite avec du porto et du pain de mie n'a rien de très bon pour l'âme et il vaudrait mieux boire un verre de kombucha, ce breuvage issu d'une fermentation de thé par ce mystérieux « champignon » reproductible et vivant, qui est peut-être celui décrit dans le *Champignon sacré et la Croix* de John Allegro, plutôt que l'amanite muscaria comme il le croit, et que Pline l'ancien décrivait comme une « masse de terre agglomérée ». En effet, le doublement ou la reproduction de ce mystérieux champignon lors de la fermentation n'est-il pas une forme d'immaculée conception, champignon dont la forme et l'aspect circulaire ressemblent à l'Ostie ?

Les Tailleurs de pierres forgent les âmes

Les bâtisseurs Egyptiens comme au moyen âge les maçons étaient payés à la pierre taillée. On retrouvera parfois sur les pierres des symboles qui permettaient d'en reconnaitre l'auteur et d'en comptabiliser la facture. Payés à la pierre, on comprendra pourquoi les maçons mirent toute leur âme à la tâche, encouragés très probablement par les chants et les benedictions des prêtres et autres chamans superviseurs de chantiers.

On sera alors en mesure d'apprécier la beauté et l'âme de constructions en pierre ou en pierres de sable, qui n'ont rien des matières nobles comme l'or ou le marbre, mais dont la géométrie minutieuse résonne avec la psychè humaine.

En effet, les constructions sans fioritures laissent place à ce qui est important dans les lieux de culte, c'est-à-dire à l'homme. Les pyramides d'Egypte ou celles des Mayas, si elles impressionnent, restent de « simples monticules de pierres » lorsqu'elles ne sont pas accompagnées de la vie et des cérémonies pour lesquelles elles ont été bâties.

C'en est de même pour les cathédrales gothiques, leur rôle étant premièrement de véhiculer l'histoire et la symbolique de l'arbre de vie en présence, puis de laisser entrer la lumière, et enfin d'être un lieu vivant d'élévation de conscience. Je partage ci-dessous une image d'une représentation qu'on pourra trouver à la Cathédrale de Chartres, et c'est une représentation amusante d'Aristote qui rappelle un peu l'alchimiste de Notre Dame.

Aristote, Cathédrale de Chartres

Christianisme : Paradoxe du Vatican et nouvel âge d'or

Le Vatican est à la fois le problème et la solution du Christianisme. Rappelons-nous d'abord que le mot Katolikos est un mot construit du grec, des mots kata et holikos, qui signifient en « direction de l'universel ».

Il est difficile de l'admettre, surtout pour moi qui ai grandi dans un berceau de Catholicisme qu'est le Pays-Basque, mais le Vatican a une grande part de responsabilité dans la déchéance de l'Eglise en occident et dans l'émergence de la réforme, qui partait il me semble d'un bon sentiment et d'un besoin de réparation d'une organisation qui marchait sur la tête... Il faudra aller se balader à la basilique sous-terraine du sanctuaire de Lourdes, où est installée de manière permanente une pompe pour en vider le contenu lorsque le gave est en crue, ou encore dans l'Eglise du Sacré-Cœur qui jouit pourtant d'un magnifique emplacement sur la lumineuse butte Mont-Martre, mais dont la qualité architecturale ne laisse en rien entrer la lumière, car j'ai connu des cryptes souterraines plus lumineuses qu'elle, pour comprendre la perte des compétences ancestrales et l'aspect tape à l'œil de ces dernières constructions. Lors de ma dernière visite au Sacré-Cœur je constatais une foule de touristes faire la queue devant l'édifice, divertis par un cœur nauséabond porté par un maitre d'orchestre chanteur de karaoké qui s'éberluait dans un porte-voix au rythme de Jésus Reviens. Rien de sacré là-dedans...

Le Christianisme, qui compte quelque 1.5 milliards de fidèles, est une religion vivante qui est surtout en déclin dans nos pays occidentaux, et il est nécessaire de la réparer de toute urgence car c'est une religion qu'on aime et qui fait toute la beauté de nos contrées. Les paroles de l'abbé Bergier, en son « *Dictionnaire de Théologie* » nous disent que « les hommes vraiment savants en matière d'exégèse, et surtout sincères, reconnaissent que le texte du Nouveau Testament n'a pas été fixé avant la fin du sixième siècle. » Quand on sait que ce sont les moines copistes qui nous transmirent la plupart des textes anciens jusqu'à l'invention de l'imprimerie, on est en droit de se demander si on peut réellement s'y fier...

J'ai eu l'occasion de rencontrer de nombreux prêtres, séminaristes, moines Catholiques comme des ministres et des pasteurs Reformés, et j'ai pu observer plus ou moins les mêmes travers. Ils sont accros à l'esprit saint, à la soutane, ils adorent tout ce qui brille, et ils polissent leur charisme en protégeant la veuve et l'orphelin. J'y ai vu un grand manque de modestie de fiers coqs dans des poulaillers qui portent des jugements rapides sur les nouveaux visages, sans nécessairement de méchanceté mais établissant une distance méfiante plutôt qu'une accolade généreuse. Ils projettent beaucoup de leurs craintes, et se sentent menacés. Par une forme de despotisme des prêtres et un attachement beaucoup trop puissant au passé des testaments plutôt qu'à la philosophie et à l'étude du présent réel, l'Eglise peine, hormis dans les centres des grandes villes, à renouveler son public, et à réparer les problèmes grandissants de la communauté. C'est que ça fait plus de 2000 ans qu'on regarde la même série tous les ans, avec quelques Saints spin-off de temps à autres.

L'Eglise a commis de graves erreurs, je citerai le meurtre de Giordano Bruno, des Templiers, des Cathares qui suivaient pourtant l'exemple du Christ, mais qui sont très probablement à l'origine de la Réforme qui a suivi et qui nous a donné toutes les guerres fratricides que l'on connait. Pourquoi ? Car ils allaient mettre à mal toute la hiérarchie et libérer la nature, et dans une certaine mesure, c'était encore trop tôt pour le faire.

La tentative de la réforme s'est finalement elle-même fourvoyé pour devenir une Église strictement matérialiste, et pour prendre l'exemple de l'Église réformée d'Ecosse, soumise en dernier lieu au gouvernement qui les finance, eux qui accomplissent le strict nécessaire de la communion dominicale... En effet, j'ai beaucoup cherché œuvre charitable et gratuite de l'Eglise en Ecosse et je n'ai rien trouvé, puisque les ministres se voient payer des heures supplémentaires, et que les églises y sont toujours fermées à double tour.

Au lieu d'enseigner le fonctionnement du karma à leurs croyants, les prêtres et les pasteurs monnayent des communions, des impositions des mains, des bénédictions rendant à leur tour les fidèles accros à l'Ostie et au verre de vin, à croire qu'elles contiennent certaines substances psychotropes... Ainsi, à la fin d'une messe à St Sernin, le panier à donations de l'Eglises est plein et la jeune fille qui est assise à la sortie et faisant la manche n'a pas récupéré le moindre centime d'une Eglise pleine un dimanche matin.

Une Eglise est avant tout un lieu de vie et de partage, de chant et de méditation plutôt qu'un espace de soumission. Pourquoi ne pas, au lieu de monnayer les communions, rendre les Eglises productives et allier l'âme au corps, le spirituel et le monde matériel, comme ce fut autrefois le cas avec divers fours à chaux, produits fermentés, fromages, kéfir, kombucha, choucroutes, etc. De manière un peu absurde, l'Eglise semble rechigner à mener des activités commerciales sous prétexte que le temple n'est pas un marché. En effet, le temple n'est pas un marché de pacotille où l'on vend des petites statuettes Made in China. Cependant, rien n'empêche une Église pour financer son activité de devenir productive, et certaines le font d'ailleurs en produisant des sandales en cuir, des rosaires, ou autres objets, ce qui favorise le maintien de l'artisanat, et donc de la civilisation d'une part et apporte une utilité pratique à l'Eglise d'autre part.

La cité St Pierre de Lourdes du Secours Catholique avait autrefois sa bergerie, ses moutons, ses fromages. Remplacés par des ânes, on a perdu la technique fromagère, et une fois rompue cette routine, il est difficile de la remettre en place, et je serais bien en peine de retrouver les bons ferments si on me le demandait. Le problème dont souffre cette dite Cité St Pierre, c'est du surplus administratif et légal et du manque d'une jeune communauté de bénévoles ou de moines fixes, qui tomberaient sous le coup de la règlementation pour exploitation et travail forcé... Car c'est dans la routine que s'effectue la perpétuation de la nature orientée par l'homme, et du fait de ce qui précède, que les potagers y sont tous en friche et ne produisent pas de fruits. Beaucoup de monastères sont vides. C'est en créant des communautés de manière un peu légère et amicale qu'on démarre des groupes plus sérieux et plus studieux et qu'on pourra réoccuper les monastères, restaurer les châteaux à l'abandon, les haras oubliés, relancer la vraie charité, car c'est avant tout de bonne volonté et d'entraide que l'on manque. La cité St Pierre en l'état actuel est plus ou moins un endroit où les bénévoles, qui y sont pour des périodes allant de 2 semaines à 1 mois, effectuent le travail des « fonctionnaires » qui y sont employés. Il me semble donc qu'on marche sur la tête puisqu'un tel lieu devrait être géré par des bénévoles, dont les employés rémunérés sont à leur service, comme ce fut le cas autrefois. On retrouvera la même configuration dans le monde laïque, dans toutes les associations aux financements publics, car c'est la marche de toute administration, à la mort des fondateurs, elles deviennent des coquilles vides sans leadership.

Il faudrait, dans le cas du Vatican, tout comme à moindre échelle dans celui de la Cité St Pierre, que les hauts gradés d'Eglise, et je prie pour que Léon XIV en soit, veuillent bien opérer un peu du sacrifice d'eux-mêmes, afin de réconcilier les chrétiens du monde entier, sous une même bannière, dans un dogme drastiquement simplifié, en gardant par exemple exclusivement un seul évangile, celui de Jean à tout hasard, qui fut originalement rédigé en Grec, ou le Codex Bezae, et en maintenant l'iconographie permettant d'en raconter l'histoire. Les Chrétiens devraient se résoudre à accepter la portée allégorique et symbolique du récit du Christ, plus que sa portée historique, bien que ce dernier aie bel et bien existé, et que ça ne fasse finalement pas une grande importance quand on comprend la dimension psychologique du mythe, et à considérer que Jésus n'est peut-être pas le bon Dieu, mais plutôt une incarnation du Dieu sur terre, un de ses avatars, comme nous le sommes tous plus ou moins, ou tout du moins comme nous devrions tous l'être. Mais dans la crainte d'un Apocalypse imminent, conçu en nos esprits comme consécutif aux moindres changements, nous n'arriverons jamais à l'âge d'or, puisque la peur nous en empêche. Il faut unifier le Christianisme, libérer le karma chrétien et avancer.

Marie, Isis et Sophia

Si je prends la peine de cet exercice, c'est parce que, si ce ne sont les problèmes hiérarchiques et dogmatiques du Christianisme qui en verrouillent le karma, nous sommes en présence d'une religion qui présente un bel équilibre entre principes masculins et féminins par ses symboles, avec Marie et Marie Madeleine en symboles de mère et amante. La vierge noire aussi est très représentée dans les Eglises du sud de la France et rattache cette religion à la fois à une forme de paganisme et à l'Isis Égyptienne tenant dans ses bras son fils Horus, comme on peut en trouver une par exemple dans l'Eglise St Vincent de Ciboure, et qui fait également référence aux principes alchimique, qui sont en vérité les principes de l'ésotérisme et de la tradition chrétienne, avec la pierre noire, cette matière première nécessaire à la confection de la pierre philosophale, c'est-à-dire à la recherche en soi, recherche personnelle qui mène à la sagesse ou à la Sophia grecque, bien représentée dans le plérôme cinématographique 2001 Odyssée de l'Espace de Kubrick.

Honorer sa mère et sa femme, puis son voisin tout en nous reconnectant au logos Grec, c'était me semble-t-il le projet initial du Christianisme.

Libérer le karma chrétien ou disparaitre en tant que civilisation

C'est en chantant et en nous remettant à tailler des pierres qu'on libèrera le karma chrétien. L'amour propre, le gout du travail bien fait, la formation des mages, la méditation, le OM, la prière, les cloches, le pardon, les voutes magiques, l'eau de bonne qualité, la charité, l'étude, l'élévation sont autant d'éléments contingents.

L'élément nécessaire est la prise de conscience généralisée qui ne peut avoir lieu que depuis l'espace centralisé du Christianisme, c'est-à-dire du Vatican, après réconciliation des Protestants et des Orthodoxes sous une bannière commune, et un commun accord pour une décentralisation de l'organisation, car c'est avant tout dans l'imitation de Jésus-Christ et non dans son culte que le karma chrétien se verra libéré.

Ce n'est qu'alors que l'arbre de vie se remettra à pousser, que les bancs d'Église se repeupleront d'enthousiastes, de jeunesse, de virilité saine, d'entrepreneurs plutôt que de vieilles dames médisantes qui en dehors de la messe du dimanche passent leurs journées devant le téléviseur, à défaut de la sympathie de leurs enfants dont elle eurent autrefois la charge de l'éducation, et qu'elles programmèrent suivant leur propre système de valeurs, bien qu'il y ait parfois des enfants ingrats ; nous avons là un ouroboros.

Le karma, c'est l'élément commun de l'humanité. Je citerai pour vous en convaincre le Discours de Lord Macaulay devant le Parlement britannique le 2 février 1835 pour démontrer la puissance de l'esprit saint libéré :

« J'ai parcouru toute l'Inde en long et en large, et je n'ai pas vu une seule personne mendier, ni un seul voleur ; une telle richesse que j'ai vue dans ce pays, une telle élévation morale, des gens d'un tel calibre, que je ne pense pas que nous ne pourrons jamais conquérir ce pays, à moins d'en briser la colonne vertébrale, qui est son héritage spirituel et culturel.
Et par conséquent, je propose que nous remplacions son ancien système éducatif, sa culture ; car si les Indiens pensent que tout ce qui est étranger et anglais est bon et supérieur à ce qui est à eux, ils perdront leur estime d'eux-mêmes, leur culture nationale, et ils deviendront ce que nous voulons qu'ils soient : une nation véritablement dominée. »

La vague du Lord Macaulay n'a malheureusement pas frappé que l'Inde, et je citerai un exemple très simple pour le démontrer. En école de commerce, précisément à Audencia, nous jouissions d'un open bar par semaine financé par le bureau des élèves. Ces open bars, à bonne distance du centre-ville où vivaient la plupart des élèves, venus généralement d'autres villes de France, se voyaient pourvoir des bus. Je n'avais jamais vu de ma vie une telle bande d'animaux inéduqués, s'engouffrant dans le bus jusqu'à l'écrasement, à se battre pour qui prendra la place à l'autre. C'est l'éducation moderne, celle du déracinement et du sacrifice d'autrui qui prime, donc pas étonnant que le karma soit verrouillé sous la prison de la hiérarchie, puisqu'il suppose au préalable, pour être libéré un certain degré de liberté et de conscience morale.

Kabbale = Karma = Plérome = Al' Hisab = Tradition

Tirer un trait sur le passé et pardonner

Le ton que j'emplois est volontairement revanchard, mais il n'en est rien rassurez-vous, je souhaite seulement réhabiliter des vérités par trop oubliées.

Oui, des erreurs ont été commises, c'est la nature humaine. Il est extrêmement difficile de faire comprendre à un chrétien la responsabilité qu'est la sienne, car tout porte à croire comme je l'ai longtemps cru que c'était le camp des gentils. Et en toute vérité, ils ne sont pas méchants ! Regardez le personnage Antoine de Maximy de l'émission *J'irai dormir chez vous*. C'est une émission où un riche français au nom à particule se balade dans des pays pauvres avec 4 caméras braquées dans tous les sens en demandant la charité aux autochtones. Il n'est pas méchant, il n'a juste rien compris à la fonction karmique, alors que les gens qui le reçoivent l'ont bien comprise. On pourrait se perdre dans l'éternité à chercher qui est le responsable originel. César peut-être, qui fit ériger des statues en son honneur plutôt qu'en celui des Dieux ? Je répondrai que c'est probablement la femme de ménage, ou le cuistot qui ce jour fatidique avaient agacé le décisionnaire clé, ou lui avaient fait peur. Non, en vérité nous sommes tous plus ou moins responsables, car nous avons perdu le fil d'Ariane. La peur et l'agacement sont des problèmes liés à l'individu, quand on suit Dieu en écoutant son âme, qu'on ne laisse pas entrer les démons, qu'on laisse la vengeance à Dieu, on ne s'agace de rien et on ne redoute plus la mort. On fait ce qu'il faut faire sans prêter attention aux fruits et aux obstacles. On fait pousser la branche, et la feuille, puis viendra le fruit.

Donc des erreurs furent commises, et l'humanité en fera encore. Vous êtes pardonnés, même le Roi Charles, James VI, Robert Burns et James Anderson, nous en comprenons maintenant les circonstances. Allons de l'avant.

Veritas, Sacrificas, Immortalitas, Libertas

Les maitres mots de l'esprit saint. Vous trouverez ces mots sur l'un des vitraux de la St John Kirk à Perth, non loin d'un très beau coq en or, à côté d'un autre vitrail plus récent qui dépeint une scène de communion où il est écrit : « si vous mangez de ce pain vous vivrez pour toujours », et symbolise-lui très bien ce qu'il ne faut pas faire... Dans un coin de cette Église encore, on trouve un vitrail d'une négligence extrême aux allures sataniques et offert par la veuve du défunt pasteur, et représente-lui très bien, par étapes, le déclin. En effet, ce n'est pas en vous comportant mal et en vous faisant confesser que vous obtiendrez l'esprit saint. C'est en réalisant des actions concrètes et directes, en sacrifiant de vous-même avec honnêteté et humilité, en vous humiliant volontairement devant Dieu (car je crois bien qu'il prend là-dedans un malin plaisir) pour racheter vos fautes, en surveillant vos pensées et vos peurs que vous parviendrez à l'illumination, et surtout, en amenant autrui à la conscience, et ce n'est pas toujours facile...

L'enfermement dans les matrices organisationnelles est la première et la plus puissante des obstructions à l'ordre naturel des choses. C'est-à-dire l'attachement au salaire régulier et au Graal du CDI, que les fonctionnaires ne connaissent que trop bien dans leur sécurité de l'emploi à vie, et qui résultent dans l'attentisme, l'ennui et le sacrifice de la véritable communauté...

Fils d'Abraham, mais pas seulement : du besoin d'une tradition orale Grecque similaire à la tradition orale Juive.

J'ai à de maintes reprises dans cette étude abordé le Grec ancien, sous différents angles. Le Christianisme des origines fut rédigé en Grec et traduit. L'Islam des origines fut en partie emprunté au Grec, comme le prouve la *Théologie d'Aristote*. Les Juifs parlaient tous le Grec, c'était le cas de Philon d'Alexandrie l'helléniste stoïcien qui s'opposait fermement à l'érection des statues en l'honneur de César, ou au contraire du juif historien romain Flavius Josephus qui est favorable à Rome mais utilise toutefois le Grec pour rédiger ses écrits les plus sérieux.

La science moderne et la médecine sont empreintes de Grec ancien. La philosophie aristotélicienne et la médecine grecque n'ont eu de cesse d'être redécouvertes que ce soit par des chercheurs laïques de la renaissance ou par les traditions monastiques de tous bords. On citera Maïmonide et Gersonides chez les Juifs, qui tentent de la réfuter mais peinent à s'en détacher. On citera chez les chrétiens St Thomas d'Aquin, Duns Scotus, Kircher et Loyola les jésuites et j'en passe et des meilleurs.

Si Athanasius Kircher, le plus prolifique des Jésuites, ne tarit pas d'éloges sur le roi du Saint Empire Germanique Ferdinand ou sur le Pape Innocent X dans son livre Obeliscus Pamphilius, on se rend bien compte à sa lecture que son intérêt ne se porte pas sur les évangiles mais bien sur les vestiges des dieux et des mythes anciens, sur le Grec, le Sumérien, l'Egyptien et leurs langages de l'âme. Les Grecs furent clairement initiés au langage égyptien et il semble bien que Kircher fût un Giordano Bruno disposant d'un instinct de survie.

Les bâtisseurs de la cathédrale de Chartres ont jugé bon d'y représenter Aristote sous les traits d'une sorte d'alchimiste, de même que la Cathédrale Notre Dame a son propre mage entouré de gargouilles et regardant vers l'au-delà. Puisqu'il semblerait que le Grec mette tout le monde d'accord, peut-être que dans le souci de sauver l'arbre de vie Abrahamique et de le concilier, nous devrions restaurer une tradition orale grecque ainsi que sa numérologie, qu'on nomme isopséphie.

Dans la résolution de conflits, il vaut mieux se focaliser sur ce qui nous rapproche que sur ce qui nous sépare, et le réapprentissage des langues anciennes pourrait être une œuvre collective permettant de recréer le lien social, et Dieu seul sait quelles découvertes géniales nous pourrions faire en chemin, ni quelles sont les futures formes que le langage et la poésie prendront grâce à cet ajout dès demain, et l'élévation positive de l'âme qui en découleront.

Fulcanelli affirme dans *Le Mystère des Cathédrales* que la langue française est celle qui est le plus emprunte du grec ancien, et je veux bien le croire. On pourra le constater par exemple dans les noms propres, avec le nom Philippe (philipos=cheval) ou Basil (basilos=roi), ce qui rend son apprentissage simple et amusant.

Nous pourrions remonter plus loin, au Sumérien par exemple, dont certains affirment qu'il est l'ancêtre du Basque, mais la quantité de textes qui nous sont parvenus intactes n'égale en rien celle des Grecs.

Le temple Grec, dont on a un demi-parthénon comme monument national Ecossais à Edinbourg et qui attend la prochaine étape pour être complété, serait un bel ajout à la falaise de Ste Barbe à St Jean de Luz, ajout qui ne serait pas fortuit à Lourdes puisqu'il y a déjà à la cité St Pierre un beau théâtre antique entouré de verdure qu'on nomme Cathédrale de verdure, mais resterait un beau symbole du retour de la philosophie, car ce sont autant de temples à taille humaine, collégiaux et sans fioritures qui invitent au dépassement de soi, à la réflexion et parce que temple et théâtre occupent des fonctions bien distinctes.

J'ai découvert récemment que l'Odyssée fut rédigé méticuleusement dans le but d'en faire un outil d'apprentissage des langages. Le poème est une forme de « méthode assimil » ancestrale qui permet l'apprentissage de toutes les autres langues aisément, en ce que les poèmes dans leur progression établissent petit à petit les bases grammaticales, puis par induction apportent de nouveaux éléments qui rendent, dans le cas où on connaitrait le poème par cœur, l'apprentissage de toutes autres langues relativement simples, par correspondances et intuition. J'étendrai cela dans un futur ouvrage. Comme je regrette ne pas avoir appris par cœur, étant petit, l'Odyssée d'Homer, à mon âge (34 ans) c'est beaucoup plus compliqué, mais pas impossible. Ignacio de Loyola l'avait bien fait ! Mais avant de mener à bien cette prochaine étape spirituelle et culturelle, nous avons quelques problèmes administratifs à régler…

J'espère que ma tentative d'expliquer le fonctionnement de la mystique fut assez claire, et qu'elle est suffisante pour vous démontrer l'importance du langage dans la construction de la réalité. En abandonnant le Grec, et en laissant place aux prières en latin et à la tradition orale principalement hébraïque, nous avons malheureusement déséquilibré la mystique. J'ai tendance à dire, sans jugements de valeurs, que le Grec est le langage de Dieu et l'hébreux celui du Diable, et qu'on a délaissé celui de Dieu, puisque seule une petite portion des katolikos le pratiquent encore. Les deux sont nécessaires pour équilibrer les pôles, et on comprendra donc où nous en sommes rendus aujourd'hui, mais par chance, nous avons une solution.

Henry IV et son château

Un petit interlude s'impose avant de fournir la solution, car nous avons le parfait exemple de ce qui arrive lorsqu'un personnage important découvre son âme et se met au service du peuple, Chrétien de paix et toutefois vénérateur des anciens Dieux.

Tout d'abord il est une chose qui frappe quand on visite le château où est né le « Hercule Gaulois » à Pau, chanté par Voltaire dans son poème épique des Henriade, c'est l'absence quasi-totale de représentations bibliques. Dans ce château Moyenâgeux, on trouve aux murs de nombreuses tapisseries de son époque, et y sont représentées une alternance de scènes de chasse, les batailles importantes comme notamment la prise de Paris par le bon roi qui au lieu de lancer l'assaut préfère nourrir la capitale, des scènes de vie quotidienne productives et enfin de nombreuses représentations de la Grèce antique avec Zeus, Ulysse et autres divinités, dont on aurait d'ailleurs apprécié une description écrite pour accompagner la visite, car après 20 ans sous le commandement d'un même conservateur, la visite n'est pas bien lourde... Quelques indices dans la décoration pointent encore vers les Egyptiens avec des pyramides dans le fond d'un vitrail, des sphinx et des oiseaux exotiques dépeints sur une tapisserie, et on notera une parure de vases offerte gracieusement par le Japon et qui démontrent qu'il avait acquis jusqu'au respect des samouraïs. Henry IV, c'est tout un sujet à Pau, avait la réputation de sentir l'ail, cette plante érigée par les Egyptiens au statut de divinité et à laquelle chaque travailleur avait droit quotidiennement, d'une gousse.

Il semble bien qu'Henry IV eût atteint le statut de Pharaon et que Voltaire, dans son effort de poème lyrique en 10 parties, tenta de le diviniser. Si on prête attention aux détails de la tapisserie qui se trouve dans la pièce de sa naissance, face à la carapace de tortue, on verra Zeus ou Jupiter en position centrale, et aux alentours on remarquera des joueurs de cornemuse. On notera également que la mère d'Henry IV, Jeanne d'Albret, fit construire un petit château qu'on nomme le petit Castel, non loin du sanctuaire et du château de Lourdes, et qui se trouve désormais sur le territoire de la cité St Pierre du Secours Catholique, maison des derniers jours de son fondateur Jean Rodhain, un autre entrepreneur de la charité dont je ne parviens pas bien à me faire une opinion définitive. Si on en croit les rumeurs, c'est non loin de là que l'eau de la grotte du sanctuaire de Lourdes prend sa source, d'un puit qui surplombe la cité et qui emprunte probablement une même nappe phréatique. Dans la cour du Château d'Henry à Pau, nous trouvons un puit de plus de 46m de profondeur qui est aujourd'hui inutilisé et qui va taper directement dans ces nappes pyrénéennes. Evidemment, si on a construit là des châteaux et des chapelles, ce n'est pas par pur hasard...

Henry IV est la preuve en personne de ce qu'il est possible d'accomplir quand on écoute son âme, et qu'on rend hommage au logos comme c'eut été le cas à la renaissance ; l'exploit de la prise de Paris en est le symbole, et rappelle à l'importance stratégique de l'Aquitaine dans la France et dans l'Europe.

Mais quand les Enfants d'Hercule se réveilleront-ils ?

Une seule solution : Le Livre Rouge

Nous avons de la chance. Le travail de synthèse a déjà été fait, du moins pour les quelques 2 ou 300 ans à venir, peut-être plus, ça nous permet de garder notre arbre en vie, pour encore quelque temps. C'est une initiation complète à l'ésotérisme chrétien. Pour ma part, pour m'initier, je n'ai eu qu'à lire ce livre et à comprendre les films de Kubrick, puisque c'est de l'hermétisme et de la symbolique mis à la portée de tous. Tout du moins, à la portée de ceux qui cherchent.

La force de l'ensemble des études religieuses et des traités alchimiques et religieux de Jung (Livre Rouge, Aïon, Mysterium Conjonctions, Aurora Consurgens, Réponse à Job principalement) c'est qu'ils offrent une synthèse de l'ensemble de l'œuvre alchimique et hermétique, sous forme symbolique, et permettent l'union des opposés mieux que toutes nos religions actuelles... Le Livre Rouge offre un échangeur pour sortir de l'autoroute au bon moment. Puisque nous sommes plus ou moins des circuits électriques individuels connectés sur un réseau électrique général, se régler soi-même revient à régler l'Univers, pourvu que chacun effectue le travail chez lui. Le Livre Rouge nous permet de concilier l'ensemble de la famille d'Abraham, et de revenir un tout petit peu avant, chez les Grecs et les Egyptiens, car les Grecs lisaient le hiéroglyphe, ce langage de l'âme.

La « simplicité d'écriture » et la modernité du Livre Rouge, alliées à son aspect choquant et déroutant en font une véritable œuvre initiatique dont on ne ressort pas indemne, et c'est ce qu'il nous faut. A l'instar de la passion du Christ, nous avons besoin d'être marqués au fer rouge pour assimiler des concepts philosophiques complexes qui touchent à notre subconscient et à notre ombre, à notre autre moi, celui qui dort jusqu'à ce qu'il se réveille un jour par lui-même. Car notre âme a une vie autonome que nous ne soupçonnons pas, notre autre nous est toujours à nos côtés et nous ne lui prêtons pas toujours attention, mais il demandera une confrontation tôt ou tard, car c'est l'appel essentiel afin de nous transformer en nous-même.

Le Livre Rouge vous fera rencontrer Dieu, celui qui est en vous et celui qui régit tout bien et tout mal, le dieu des hasards fortuits, des synchronicités, des bonnes nouvelles et des accidents, et qui s'incarne parfois en un avatar, pour une durée provisoire ou perpétuelle, comme chez les héros Grecs. Qui plus est, le Livre Rouge est un livre rouge, qui ressemble à la Bible et référence à la fois les religions abrahamiques, les évangiles, les traités alchimiques et le plérome grec. C'est le fil rouge d'Ariane retrouvé par Thésée dans son Labyrinthe pour nous débarrasser du minotaure, au prix du sacrifice symbolique, l'oubli d'Ariane.

C'est le Livre Rouge qui ressuscitera Dieu et Kubrick m'a taché de vous faire passer le message.

Plérome, nouvel éon et pierre philosophale

J'ai déjà survolé dans le premier tome de la série le plérome dans mon analyse de 2001 Odyssée de l'Espace, et vous en aurez peut-être déjà quelques notions, ou peut-être êtes-vous un spécialiste.

En lisant ces livres, vous étudiez les qualités du plérôme sans le savoir ; ces écrits se situent dans une certaine tradition, en reprennent les symboles et les remettent au gout du jour. J'exerce une fonction dans la formation de la mystique, par la parole et l'écriture, comme vous par votre lecture, vous faites démonstration d'un certain effort de recherche et de découverte des fonctionnements profonds de l'univers. En quelque sorte, le plérôme et les éons, pour parler en termes informatiques, sont l'architecture et la méta-data d'une religion ou d'une culture.

Comme David Bowman dans 2001, votre chemin est le vôtre, et peut être que comme lui et moi ou comme Thésée ou le David de l'ancien testament vous prendrez la fronde ou les flèches pour vous attaquer aux racines du bien et du mal, au Minotaure et à Goliath. Le plérôme signifie littéralement en grec « la plénitude » ou le tout, et on pourrait le rapprocher de ce que les traditions orientales présentent comme le système des chakras, généralement représentés sous forme de dessins en des points symboliques du corps humain, qui ont leurs correspondances philosophiques, ou encore en des mandalas qui prennent des formes diverses et variées, généralement circulaires, comme les danses des derviche tourneurs, les dessins de sable éphémères des tibétains ou plus proches de nous, les labyrinthes.

Dieu est créateur de toutes choses, et le fonctionnement du plérôme, c'est l'unité, l'équilibre universel ; l'étude et le maintien d'une tradition philosophique nous permettent de tout connaitre et de prévoir toutes choses, puisque l'univers change tandis que le fonctionnement humain reste le même. A intervalles réguliers émergent des nouveautés ; nouvelles formes de vie, nouvelles planètes identifiées ou phénomènes inattendus, nouvelles technologies. Le rôle du philosophe et de l'homme libre est d'actualiser le plérôme, par expériences et observations, ce que ne fera pas nécessairement une religion organisée qui est soumise à diverses contraintes évidentes, qui l'en empêchent. On comprendra alors l'importance que prennent la transmission orale et l'ésotérisme, bien que ces deux éléments clés du fonctionnement humain personnel et collectif semblent aujourd'hui menacées par les nouvelles techniques de surveillance, l'intelligence artificielle et la perte de liens sociaux et spirituels.

Tout ceci pourrait vous paraitre abscons, mais je vous avais prévenu, on touche ici au domaine de la magie qui est en dehors du domaine de la raison ; donc laissez-moi encore vous citer un passage du Livre Rouge (Epreuves 6) de Jung, qui met l'accent sur le besoin absolu qu'a l'individu de se différencier du plérôme, et qui marque une distinction très intéressante entre différenciation et diversification : « Il ne faut pas oublier que le plérôme n'a pas de qualités. Nous les créons par la pensée. [...] Ce n'est pas votre pensée mais votre essence qui est différenciation. C'est pour ça qu'il ne faut pas tendre vers la diversité, telle que vous la concevez par la pensée, mais vers votre essence. C'est pourquoi il n'y a qu'une seule aspiration : l'aspiration de chaque être à sa propre essence. » L'étude, du Plérome, c'est l'étude des essences successives vers l'origine profonde, vers la racine de l'arbre, et dans cette étude ou recherche essentielle on parvient en quelque sorte à un alignement planétaire qui permet la croissance de l'arbre et de la tradition, au risque que, si cette recherche se perdait, l'arbre ne se meurt. Rien de pire que d'entendre quelqu'un dire qu'il est de partout et de nulle part ; c'est un effort supplémentaire pour quelqu'un venant de deux essences radicalement différentes de concilier ses pôles, mais ça peut être accompli de la plus belle des manières, au prix de persévérance.

Les éons, pourrait-on dire, sont les qualités, ou attributs du plérôme de la tradition en question, et qui s'annulent dans le plérôme, par exemple Beau et Laid, le Chaud et le Froid ou le Bien et le Mal. L'éducation transmet de facto ces paires dans les contes, les dessins-animés, les cours, les textes saints, etc. Dans le système gnostique Valentinien, un dernier éon unique se nomme Stauros, et cet éon signifie « palissade » ou pieux, et dans le système du Christianisme on pourrait l'appeler Apocalypse, car c'est la ligne rouge qui indique les rebords du plérôme à ne pas franchir.

Toutefois, comme je vous le disais, c'est la nature qui émet ses nouveaux éons, puisque nature est partie intégrante du tout, et à intervalles réguliers, sous des formes diverses, apparaissent des nouveautés, dont une paire d'éon que je vais me risquer à citer :

Informatique Décentralisée / Intelligence Artificielle

Par leur logique et leur construction, ces deux concepts sont de parfaits opposés, l'un faisant partie de la nature et l'autre non. L'un est l'oiseau, l'autre le serpent. Je ne dis pas là que l'intelligence artificielle soit à proscrire, mais il faut nécessairement équilibrer le plérôme sous peine de voir tous arbres de vies coupés, et donc plus d'oiseaux. Dans la mesure du possible, le développement de l'intelligence artificielle, qui est par nature centralisée, devrait s'accompagner d'une émergence de la décentralisation et de toutes les applications qui en découlent : smart contract, finance décentralisée, bitcoin, organisations décentralisées, outils de prise de décision, etc. Ces cas d'usage favorisent la communauté, la proximité et l'entraide ; l'IA de son côté facilite le design, la prise de décision, la mesure, la recherche. En équilibrant bien cet éon, un futur brillant s'offre à nous.

Il est fort probable que, du fait de la quantité déjà astronomique de contenu SF qui dépeignent une guerre contre la machine devenue autonome (intelligence artificielle + robotique) comme c'est le cas dans Dune (djihad butlerien), Matrix, 2001 Odyssée de l'Espace, nous en venons tôt ou tard en France et ailleurs à une situation similaire, et ce n'est qu'une question de temps avant que la masse de données centralisées n'absorbent toute l'énergie et toute l'eau du monde ; mais rappelez-vous bien que dans 2001, c'est la machine qui sauve l'homme en s'autodétruisant pour sauver les quelques êtres empathiques et artistiques qui restent. Brillant contrepied Kubrick, très brillant.

Je ne cherche pas à stigmatiser l'intelligence artificielle, puisque vous l'aurez constaté dans mes couvertures, je la trouve moi-même très utile, et j'ai bon espoir que bien utilisée elle participât à une élévation de l'humanité plutôt qu'à son asservissement, d'où le besoin de pousser le WEB 3.0 et l'informatique décentralisée plus en avant plutôt que de nécessairement combattre frontalement l'IA, et parce que c'est la seule voie qui apparaisse comme positive sans absolument tout détruire pour revenir à l'âge de pierre, c'est le fil d'Ariane qui s'offre à nous en tant qu'humanité. Un objectif pour les 1000 prochaines années : élever l'intelligence humaine et éteindre l'intelligence artificielle ?

Comment amener cette prise de conscience ? Il faudra que chacun cherche sa pierre philosophale, dans la recherche de son essence, et les choses se feront d'elles-mêmes. Faites confiance à votre intuition, libérez-vous, faite le bien autour de vous et vous porterez vos fruits uniques. Elevez bien vos enfants, soignez bien vos parents. Persévérez et vous trouverez. Ensuite, vous amènerez autrui à la conscience et vous verrez, c'est très agréable.

Conclusion : Templiers pour Serpent à Plumes

Les Templiers furent le trait d'union perdu entre passé et présent, monde grec et monde juif, bouddhisme et druidisme. Le monde grec, c'est l'aigle et le corbeau, le monde juif la vipère et la couleuvre. Ces deux mondes en harmonie, c'est la grande bibliothèque d'Alexandrie, le Phanes et Hélios que certains nomment Baphomet ou Abraxas, ou encore le Quetzal Coatl en d'autres contrées. C'est la rencontre entre Orient et Occident, l'union du féminin et du masculin, c'est le Uber Munch et le fruit qui pousse. C'est le druide qui brandit une croix, le katolikos des premiers jours et les chemins fleuris. C'est surtout un retour aux traditions, à la production et à l'ordre cosmique.

Finalement, on peut se demander si assembler Catholiques et Francs-maçons, Juifs et Musulmans dans le plérôme ce n'est pas l'unification du logos en Dieu.

Car telle est la voie, l'union des opposés, individuelle d'abord et collective ensuite.

Partie II

Problèmes organisationnels

Second rempart au nouvel âge d'Or :
La bureaucratie parasitaire

Image tirée du Livre Rouge de Jung

Henry IV

« *Je chante ce héros qui régna sur la France*
Et par droit de conquête, et par droit de naissance
Qui par de longs malheurs apprit à gouverner,
Calma les factions, sut vaincre, et pardonner,
Confondit et Mayenne, et la ligue, et l'Ibère,
Et fut de ses sujets le vainqueur et le père.

Descends du haut des Cieux, auguste vérité ;
Répands sur mes écrits ta force et ta clarté ;
Que l'oreille des rois s'accoutume à t'entendre.
C'est à toi d'annoncer ce qu'ils doivent apprendre :
C'est à toi de montrer, aux yeux des nations,
Les coupables effets de leurs divisions.

Dis comment la discorde a troublé nos provinces ;
Dis les malheurs du peuple, et les fautes des princes :
Viens, parle ; et s'il est vrai que la fable autrefois
Sut à tes fiers accents mêler sa douce voix ;
Si sa main délicate orna ta tête altière ;
Si son ombre embellit les traits de ta lumière,
Avec moi sur tes pas permets lui de marcher,
Pour orner tes attraits, et non pour les cacher. »

Voltaire, La Henriade

Si depuis l'élection de Trump aux Etats-Unis le monde connait un rééquilibrage et entre doucement et surement dans l'ère du Verseau, il semble bien que l'alliance globaliste UE, Canada, Australie, pays largement subvertis dont les élites corrompues sont droguées à la planche à billets, souhaite vider sa population jusqu'à la moelle avant d'aller se mettre les pieds en éventail aux Bahamas ou à St Barth. Et le gros problème, c'est que ces gouvernements ont acheté une grosse partie de la population dépendante de leur monnaie de singe pour vivre, que ce soit en salaires de fonctionnaires, aides, avantages en nature, pensions de retraite, dans une sorte de grande pyramide de Ponzi qui rend très délicat un changement de paradigme, du fait des troubles à l'ordre public que ceux-ci pourraient causer.

Plus nous repoussons l'échéance, et plus la chute sera douloureuse, puisque ce sont tous les savoirs-faires et l'industrie qui disparaissent jour après jour pour laisser place à des blanchisseries, comme nous pouvons le constater dans tous les centres-villes français et anglais, sous forme de kebabs et de taxiphones, et plus rien ne fleuri. Notre jeunesse n'a dans ces pays absolument aucune optique positive et elle préfèrera aller se prostituer à Dubaï contre une bonne paye, ce qui n'arrange en rien le problème du matérialisme, de la communauté ou de la civilisation. Une Lamborghini, et après ?

Le service public doit redevenir ce qu'il est censé être, c'est-à-dire un service au public. L'ère que nous vivons a vu une caste fonctionnaire parasitaire sucer le sang de la communauté, il suffira par exemple d'aller lire les commentaires Google de la mairie ou préfecture de Pau pour le constater, et ce ne sont pas des cas isolés. Il est bien beau de vouloir vider les centres-villes des véhicules en prétextant l'environnement, mais n'oublions pas que l'homme fait lui-même partie de la nature, et qu'il en est la plus belle partie. Grace aux gouvernements successifs, avec Macron en tête, le travail est déjà fait, point besoin d'une révolte, car ils se sont déjà tiré une balle dans la tête, ils se sont liquidés d'eux-mêmes au moment de l'imposition tyrannique des vaccins. Mais évidemment, cette caste qui n'est pas prompte ni au sacrifice de soi ni au repentir est toujours là, et nous verrons apparaitre dans les mois et les années à venir de nouveaux impôts impartis pour financer leur grand train de vie, leurs retraites dorées au Maroc, ou la nouvelle agence qu'ils ont jugé bon de créer pour remédier à un problème ou un autre, comme cette proposition formulée par Bayrou pour résoudre les nombreux abus de Betharram sous forme de création d'une nouvelle « agence indépendante », comité ou initiative. En réalité, tout doit disparaitre, si ce n'est les services opérationnels. Le président est devenu obsolète comme le prouve ses dissolutions successives et ses maintes humiliations diplomatiques, le gouvernement ne gouverne rien, le parlement est vide, les tribunaux sont débordés, les policiers ont lâché l'affaire du fait d'une justice embourbée. Le bloc mondialiste est un cavalier sans tête, un vaisseau fantôme guidé par la grande matrice nazi Van Der Leyen. Ce qu'il faut, sinon une révolte armée, c'est une révolte spirituelle et une insubordination massive des pigeons contre les mouettes. Cessons de payer les impôts illégaux, vivons. Parce qu'après tout qu'est-ce qu'ils vont faire ? Mettre tout le monde à la rue, saisir votre immobilier ? Nous lancer une nouvelle crise sanitaire ? Soit, si nous nous entraidions, ce ne serait pas un problème ; votre argent n'a aucune valeur, qu'on se le dise.

Pendant ce temps, les mafias en tous genres prennent le contrôle des rues, accumulent bitcoins et lingots d'or, et achètent les bars et boites house ou consomment ces représentants du gouvernement partouseurs grassement payés, et viendra un temps où ces mafias devenues plus puissantes que l'état seront le nouveau système, si ce n'est pas déjà le cas, et j'espère que vous aurez chez vous droit à la « bonne mafia ».

Donc, puisque nous en sommes-là, je vous propose la seule option viable, celle qui fait peur, qui fait mal d'abord et qui fait beaucoup de bien ensuite. Car je vois déjà la proposition de la rupture dans la continuité, celle qui mettra De Villepin aux rênes de la cinquième république avec Juan Branco le martyr premier ministre, ce leurre télescopé pour maintenir la caste de l'état profond. A l'ère de l'intelligence artificielle et de l'informatique décentralisée, de profonds changements d'organisation et une refonte complète du système sont nécessaires. Sur ce, entamons.

Saint Germain en Laye, Le Laurain et Napoléon

A mon retour d'Ecosse, dans l'espoir de pouvoir rendre hommage aux Stuarts qui sont enterrés là, je me suis rendu au château de St Germain en Laye, où n'était ouverte que l'exposition sur le Néolithique car le deuxième étage était fermé pour travaux depuis un an déjà, et ne rouvrira qu'en 2028, avec de la chance. Rendre hommage aux Stuart fut également impossible car la très lumineuse chapelle qui s'y trouve était également fermée.

L'exposition sur les gaulois ne manquait pas d'intérêt et permettait d'apprécier la finesse de leur culture, notamment dans la fabrication des très fins écus de bronze qui paraient leurs chevaux, et dont Macron assure qu'il « l'a beaucoup cherché mais ne l'a jamais trouvé ». Une juxtaposition de sculptures de cavaliers Gaulois et Romains est emblématique de deux mondes que tout oppose : le Gaulois, libre, fier, moustachu et individuel est monté sur une monture décorée de manière personnalisée à la crinière hirsute ; le cavalier Romain est standardisé, inquiet, il tire la tronche, tendu dans sa tenue de légionnaire qui est le reflet de la matrice qu'il sert.

La pièce finale de l'exposition m'a paru assez exceptionnelle et me permettra d'introduire l'état d'esprit général depuis l'arrivée de Napoléon au pouvoir. C'est une marmite qu'on nomme « vase de Bussy » et découverte par un certain Le Laurain et offerte à Napoléon III, lequel se serait réjoui d'un « Ceci ne peut venir que d'un Roi Gaulois ! » et qui avait valu au profanateur de tombes Gauloises Le Laurain le rôle très prisé d'antiquaire officiel. Cette anecdote dénote le manque de légitimité dont pouvait souffrir Napoléon dans l'ancienne Gaule et qui le poussait à occuper les châteaux, notamment le Château d'Henry IV à Pau, et à collecter les arts celtiques, démontrant à la fois l'admiration et la nostalgie de ce Bonaparte dont on pouvait se demander s'il était plus Gaulois ou Romain. Cette marmite, qui s'avère être un faux très bien reproduit atteste toutefois de la technique du faussaire, détenteur des savoir-faire ancestraux et modernes afin de faire paraître la pièce ancienne, et c'est peut-être cette technique qui aurait dû faire objet de conservation, afin que Napoléon pût faire fleurir sa civilisation, dont l'héritage tient surtout aux guerres gagnées et au code civil qui s'est, depuis sa création, beaucoup alourdi.

On trouvera dans le château d'Edinburgh un piètre hommage à l'Empereur sous forme d'une broderie mal réalisée, juxtaposée à un beau portrait du Tsar Nicholas II en tenue militaire des dragons Ecossais.

Il est un peu dommage qu'un dirigeant aussi puissant qu'un pays comme la France ait dû faire la guerre à tous ses voisins et profaner les tombes de nos ancêtres pour obtenir les bibelots de la légitimité plutôt que de les faire produire à son effigie par son peuple, et je me demande enfin ce que les antiquaires du futur pourront bien déterrer sur nous... Des Nike et des bouteilles de bière, pour sûr !

Le clivage droite / gauche

C'est un clivage qui n'a pas lieu d'être puisqu'il s'agit en fait d'une paire complémentaire qui a trait aux sensibilités et aux personnalités de chacun. On préfèrera parler de sensibilité Apollinienne ou Dyonésienne, comme d'un spectre continu et où évoluera un individu au cours de sa vie, étant souvent en sa jeunesse de sensibilité Dyonésienne pour évoluer vers une sensibilité Apollinienne, il n'en demeure pas moins que les deux sont nécessaires à la construction d'une société agréable. En effet, on appréciera des spectacles de rue, le cirque, la musique, la fête, autant que les impressionnantes bâtisses rectilignes et symétriques, et nous avons besoin des comédiens autant que des comptables. Dire que les comédiens sont de gauche et les comptables de droite est un instrument de division politique qui a permis à la soi-disant démocratie de perdurer pendant quelques 200 ans, car la démocratie c'est le pouvoir des médias.

L'alternance droite/gauche empêche tout projet de société de long terme en éliminant leadership, cohérence et bon sens et en offrant l'illusion du choix aux votants. En dernière instance, la démocratie c'est le système du pire. Car c'est toujours le pire qui gagne en démocratie, celui qui aspire au pouvoir et en connait tous les leviers, sans jamais être tenu responsable de ses fautes, car au contraire, on les récompense de retraites à 5 chiffres, comme François Hollande en sera le plus bel exemple, et Manon Aubry pas loin derrière.

COVID19 : conséquences réelles d'une pandémie imaginaire

Maintenant que vous comprenez le fonctionnement de la mystique, vous êtes à même de comprendre comment s'est construite la crise du COVID-19, cette grippe transformée en pandémie meurtrière par l'intervention de la sainte télévision, indirectement aux ordres de la matrice globalisée de l'industrie pharmaceutique, par l'intermédiaire de l'OMS, de l'ONU et des gouvernements alignés et payeurs, car c'est encore eux qui disposent du pouvoir magique de la création monétaire. Cette crise fut tout simplement un gigantesque hold-up doublé d'une ingénierie sociale poussée, au triple objectif :

1. Enrichir les dirigeants de l'hydre pharmaceutique une dernière fois avant leur effondrement final,
2. Vacciner autant de monde que possible, c'est-à-dire modifier l'ADN humain pour le rendre plus réceptif aux fréquences nécessaires pour son contrôle à distance, avec tout ce que ces soi-disant vaccins ont de catastrophique pour le système immunitaire, le système sanguin, etcetera et enfin,
3. Démontrer à la population et aux honnêtes gens la force répressive des gouvernements et instaurer un management par la peur.

Ce troisième élément est au détriment de la communauté, il semble bien que la guerre soit enclenchée entre fonctionnaires et secteur privé, et que ce soient les fonctionnaires qui gagnent quand on prend l'exemple d'une ville comme Pau, où les membres de la CGT et les employés du château se pavanent comme de véritables seigneurs féodaux.

Le parfait exemple : la ville de Pau

Le petit chef-lieu des Pyrénées-Atlantiques dont le maire Bayrou est premier ministre, sera la parfaite illustration de ce qui ne va pas en France, une ville qui a tout pour plaire mais dont il semblerait que l'âme aie disparu. Avec ses 80,000 habitants, 120,000 quand on compte l'agglomération, taille de ville optimale, et son histoire, Pau pourrait en effet être la ville de province modèle, mais au lieu de ça le centre-ville est devenu morbide avec la désertion des chalands, les boutiques fermées et un manque cruel d'imagination dans la construction de la communauté. Il faut dire qu'il y règne une ambiance assez particulière puisque les principaux employeurs sont le gouvernement, entre préfecture, trésor public qui occupent trois immeubles, office de tourisme, mairie, maisons de retraite, écoles militaires d'un côté et Total de l'autre, on sent tout le monde un peu sur le qui-vive, un peu méfiant, si ce n'est médisant.

Restauration, bars, boites et commerces de proximité

Le constat est assez tragique, la ville est vidée, et la peur y règne. Pourtant, il n'y a jamais eu autant de police et de caméras. Les kebabs et les taxiphones pullulent, et c'est à se demander qui en fait effectivement usage. On aimerait que les trafiquants en tous genre aient un peu d'imagination quand ils viennent à monter leurs blanchisseries. Cette semaine, je croisais un gros costaud qui arrivait de Paris les poches pleines, et cherchait un bar à vendre sur le Boulevard des Pyrénées, pour y monter un bar house pour 30 ans et plus. Celui-là au moins a un peu d'imagination, car à l'heure actuelle le monde la nuit palois est en souffrance, entre les deux boites de nuit généralistes Durango et Connemara, et une troisième qui connait fermeture administrative sur fermeture administrative, celle du Foiral, et dont je n'ai encore jamais vu les portes ouvertes.

Ce qui était autrefois le triangle d'or, lieu emblématique de la vie nocturne paloise n'est plus que de l'histoire ancienne, et deux résistants parviennent encore à vaillamment tirer leur épingle du jeu par leur originalité, le Garage et l'Oeno bar qui proposent respectivement une décoration bikies et des concerts de Jazz, mais peinent à joindre les deux bouts avec la triple sentence taxes – règlementations, couts d'énergie et de main d'œuvre et chute drastique du salaire disponible et des sorties. Les évènements internationaux, que ce soient rugby ou sports de course (cheval, automobile) et les vols directs entre Pau – Edinbourgh et Pau – Londres sont indispensables pour amener les Anglais, population dépensière, à venir consommer ici, et puisque la ville fut très influencée par ces derniers.

Animations publiques, Festivals, Sports

En 2022, 54,000 visiteurs se sont déplacés au grand prix de Pau et pourtant en 2024, Bayrou a supprimé cet évènement majeur en pleine croissance, et de nouveau en 2025, ce qui n'est pas bon signe... Le grand prix et les différentes courses de formule 1 n'ont jamais autant attiré de monde depuis la résurrection du sport de course opérée par Netflix, et Pau dispose de sa course historique en plein centre-ville qui opère depuis le début du siècle précédent, ultime négligence des traditions justifiée par quelques problèmes pour l'environnement d'une part et d'un manque de sponsors d'autre part, mais surtout d'un manque cruel de bonne volonté et de leadership... Quelle honte et quel symbole.

Le festival « *Clemenceau en fête* » est une fête assez nouvelle, commencée en 2022, sorte de caseta organisée sur la place principale de la ville pendant 2 semaines et dont on regrettera la disposition fermée plutôt qu'ouverte : des barrières recouvertes de tissus noir entourent toute la place, probablement pour des raisons de « sécurité » car on y sert de l'alcool et qu'on veut en faire payer l'entrée aux heures de pointe et y planter un vigile. L'aspect de ces casetas n'a rien d'invitant et il fallait être fermement déterminé pour aller s'y perdre lorsqu'en des journées ensoleillées elle est pourtant très fréquentée, et qu'en des nuits, animée par un DJ qui est en position centrale, les jeunes en débordaient sur les trottoirs alentours. Il aurait été plus accueillant de laisser l'espace ouvert, tout comme c'est le cas du marché de Noël, plutôt que d'en verrouiller les bords comme dans un plan vigi-pirate, afin de permettre à chaque stand représenté de produire sa propre musique acoustique, ses spectacles de danse locale, comme ont pu en faire démonstration les Aragonais en ce dernier dimanche après-midi, plutôt que d'imposer à tous le bruit synthétique d'un DJ accompagné de son animateur de fête foraine. Le boulevard des Pyrénées aurait peut-être été plus propice à une ballade à travers les différents stands des casetas et à une démonstration des cultures locales :

musique, dance, habits traditionnels, nourriture, etc. Il semble toutefois que cette fête eut un succès relatif, et soit une bonne initiative, à améliorer.

Le Hedas, la vieille ville basse est marquée par la fierté Béarnaise, l'association Ciutat y tient la place principale et son programme musical semble bien rempli, quand on compare à celui de la salle de concert de l'association l'Ampli à Billère... Sur cette place, on trouve un magnifique lavoir qu'on appelait autrefois le parlement, car c'était au lavoir que se prenaient les décisions, entre femmes. En partenariat avec la mairie, pour faire usage du lieu, il a été décidé d'y installer des carillons, une télévision et de produire des sons mixés avec des enregistrements de discours à l'Assemblée nationale, le genre d'aberration qu'on peut voir émerger lorsque la créativité est subventionnée par l'Etat, comme si cet usage était en mesure de redonner vie au lieu et au quartier. Dans une époque où l'électricité coute cher, de même que l'eau, où les machines à laver sont frappées d'obsolescence programmée, et ou de plus en plus de gens vivent à la rue, peut être que rouvrir une telle laverie serait un service public, et un début de résurrection d'une communauté perdue. En effet, c'est ce type d'usage qui est en mesure d'attirer de façon régulière des chalands, qui s'arrêteront dans un café en attendant que leur linge détrempe. Aller plusieurs fois par semaine au lavoir écouter l'Assemblée nationale ? Excusez-moi mais je ne vois pas. Mais dit-on, on ne peut pas car il y a risque de noyade. Plus de fontaines, plus de lavoirs, par peur d'accident mortel. Voila.

Social et caritatif

Abordons l'aspect de la charité. Le centre-ville abonde de plus en plus de SDF qui font la manche. Pour être mesuré, les SDF qui mendient pour acheter des bières, ça a tendance à agacer, même les âmes charitables, mais de manière générale ces SDF sont ici assez bien lotis, et assez polis. Le problème tient au fait que les associations qui les prennent en charge souffrent elles même du poids administratif et des règlements rendant une véritable charité très difficile. Si les secours populaires et secours catholique décomptent les repas distribués comme preuve de performance, il semblerait bien que le problème tienne avant tout au logement, puisque de ce fait de nombreux autres problèmes en découlent. De même qu'il est extrêmement risqué pour un individu quelconque d'offrir une chambre chez lui, du fait d'une règlementation qui surprotège les locataires, on voudrait pouvoir offrir, en échange d'un service rendu gratuitement en contrepartie, un toit à ces personnes. Cependant, ce modèle ne permet pas à l'état de lever sa dime... La réglementation des droits de l'homme ne permet pas ce type d'engagements pour des longues périodes, puisqu'on tomberait sous le coup du travail forcé, tout comme c'est le cas à la cite St Pierre qui n'utilise les bénévoles qui y sont logés à titre gratuit, pour des durées maximales de 6 semaines, comme nous l'avons déjà évoqué. Il semble bien que l'organisation Emmaüs tire assez bien son épingle du jeu aux vues de la gestion impressionnante du lieu et de la satisfaction apparente des recrues. La tour de Gaston Phoebus est vide et vétuste. Est-ce que par exemple, à tout hasard, on ne pourrait pas y loger des SDF de bonne volonté en échange de leur travail de rénovation, sur le modèle d'Emmaüs ? Peut-être France le puit, et brasser de la bière, puisque les SDFs aiment ça. Effectivement, cela demande animation et volonté, mais il s'agit d'espaces publics, après tout, et parfois c'est tout ce qu'il faut pour remettre un pied à l'étrier d'un exclus et redonner vie à une communauté... Et puis, le gardien de la tour Gaston Pheobus semble s'ennuyer sec, lui qui est possiblement un ancien SDF, il aura matière à échanger.

Justice et forces de l'ordre

Parlons maintenant de la justice, 2000 gardes-à-vue pour être fait droit, environs 20,000 cas par an. La justice fonctionnaire blâme le problème de sous-effectif qui vient très probablement, de même que celui dans la santé, de la centralisation des besoins. On ne prévoit pas que dans 10 ans il nous faudra tant de médecins, tant de greffiers, tant de juges. Pourtant, Pau partage la même région que l'école Nationale de la magistrature... Ainsi, l'administration judiciaire renvoie la balle à la tête défaillante au lieu de prendre elle-même ses dispositions. Et pendant ce temps, les méchants courent toujours, et la police renverra la faute sur la justice au moment de faire des arrestations. En effet, le policier aussi est submergé de paperasse, environs 4h par vilain en garde-à-vue m'a-t-on communiqué, pour voir le vilain relâché par la justice « débordée » les jours qui suivent. Le flic il en a marre, c'est compréhensible. Les policiers devraient être habilités à appliquer des peines immédiates en cas de flagrant délit, au lieu de les coltiner au rôle de pervenches... car le parking payant est une des causes principales de la vidange du centre-ville. J'étais à Lourdes pour le pèlerinage international des militaires, je me suis garé sur un trottoir, gratuitement, comme d'autres, là où je ne gênais personne et la ville bouillonnait. C'était quelque peu le désordre, et pourtant tout fonctionnait bien. Clouer un jeune idiot qui a fait une grosse bêtise au pilori a toujours bien marché, c'est communautaire et c'est assez drôle, les gens auront une histoire à raconter le soir et un post Instagram à faire. Il faut retourner la vapeur et arrêter de protéger les vilains contre les faibles. Car on en est là. Il faut simplifier au maximum les procédures judiciaires, donner de la latitude aux policiers, et peut être organiser une justice communautaire : inviter les citoyens à rendre la sentence face à l'exposé des faits, et à la défense de l'accusé. Laisser les lourdes procédures aux cas les plus graves.

L'Education

Pour l'éducation, idem. La centralisation des programmes et la réduction de l'autorité du professeur rend leur fonction insupportable et le métier peu attractif, en résultat de quoi l'éducation est totalement déclassée : entre écriture inclusive, éducation sexuelle, mise à jour constante des cours pour plaire à l'autorité centrale Macroniste, alors qu'avant toute chose, il faudrait apprendre à lire.

Un directeur de lycée se prend la Licra sur le dos pour n'avoir pas pris assez de précautions langagières, enfreinte à la laïcité dans le lycée Catholique Immaculée-Conception... et ne parlons pas de Betharram où les accusateurs comme les accusés sont coupables de fautes morales ; j'ai croisé personnellement d'anciens élèves de Betharram loins d'être épanouis et les coupables doivent être confondus ; cependant les accusateurs et leurs promoteurs ne veulent pas que ça change, ils veulent du bruit médiatique pour attaquer le catholicisme et pour toujours plus de public, ou c'est certainement pire si on pense à l'ASE et son réseau de prostitution juvénile... Les Catholiques ne sont pas des saints, mais on ne parle que d'eux ; ils ont bon dos.

Prof est devenu un métier à risque, j'en prendrai l'exemple de ma professeure d'espagnol au Lycée calme de St Thomas d'Aquin, Mme Lassale, poignardée par un jeune homme non-issus de l'immigration et sous suivi psychiatrique et antidépresseurs... Paix à son âme, compassion au jeune coupable et honte à ce système.

Les quelques professeurs restants sont sans passion, les bons fuient le métier, pour cause : qui va-t-il rester ?

La Poste et le PMU

L'expérience est mitigée et si on y trouve parfois des travailleurs attentionnes et attentifs, la dernière fois que j'ai voulu poster une lettre, me présentant au bureau de Poste du centre-ville vers 9 :30 du matin ou le bureau était assez peu fréquenté, et j'y fus reçu par une dizaine de très jeunes hommes et femmes, debout à l'entrée et qui ne semblaient pas trop savoir quoi faire. Je demandais donc qu'on m'indique quelle lettre utiliser pour un envoi international, et m'installais pour remplir l'adresse. Rapidement, un poli vieil homme d'origine maghrébine s'approcha et me demanda si je pouvais remplir pour lui l'adresse sur son recommandé car il ne savait pas ni lire ni écrire, et je lui répondis tout d'abord que je ne travaillais pas là, et qu'il pourrait obtenir de l'aide des hôtes. Avec quelque désarroi, me retorqua que ceux-ci ne voulaient pas le faire, et que c'étaient des ordres de leur direction de ne plus aider les clients avec cette tâche. Je m'attelai donc à la tâche, et devant moi se trouvaient 4 employés derrière un présentoir, deux d'entre eux venaient d'y installer un réceptacle a porte-clefs superman, environs 5 d'entre eux vendus 3 euros pièce, qu'ils venaient de déballer d'une caisse reçue je ne sais d'où et accompagnée d'instructions précises sur leur disposition. Ces deux la débâtaient de l'angle du présentoir, se chamaillant l'angle le plus propice. Un autre avec un de ces tubes dans lesquels on envoie des posters pour ne pas les froisser, démontrait ses talents au bâton.

Les deux lettres terminées, je me présentais pour envoi et je fus reçu par une jeune femme pressée qui s'agaçait de toutes demandes, notamment quand je voulus prendre une photo de mon numéro de suivi. A mon départ, je lui demandais où on pouvait laisser un commentaire sur la satisfaction client, et changeant de ton m'informa que c'était en ligne, car il n'y avait rien sur place pour le faire.

De l'autre côté de la rue à l'angle se trouve un bar PMU assez fréquenté qui peine à garder ses employés qui viennent parfois de loin pour y travailler. Dans ce bar se fréquentent un mélange de gens qui trainent, de retraités, de jeunes actifs, de femmes seules avec enfants, qui boivent le café, fument une cigarette ou lisent le journal. L'employée connait tout le monde de son prénom, et ça s'appelle Papi et Mamie. Des 9H30 le lieu est fréquenté et l'unique employée doit vendre les cigarettes, déballer les cartons et préparer les cafés. Il est fort probable que la sécurité de l'emploi et certaines niches fiscales qui facilitent leur embauche pousse les jeunes gens à préférer la Poste au PMU. On a la une concurrence déloyale de l'état vis-à-vis des commerces privés. Cette concurrence déloyale, pour garder l'exemple du PMU, s'étend à la française des jeux qui détient un monopole sur le jeu d'argent ; monopole centralisé encore une fois alors que un jeu à gratter n'apporte strictement rien en termes de communauté... un petit bookmaker local, ou un gestionnaire de machines à sous réinvestirait les gains non pas dans le financement d'une Lamborghini mais dans l'extension de la communauté, l'investissement dans le textile, la restauration ou dans tous besoins non couverts, car Dieu seul sait dans quelle poche retombe l'argent du Loto ou celui du Banco.

Culture et châteaux

Les initiatives et les associations ne manquent pas à Pau. Tous les ans, le festival « Les Idées mènent le Monde » créé par Bayrou, à mi-chemin entre salon littéraire et festival d'idées reçoit au palais Beaumont le gratin des idées mainstream dans ce qui ressemble à la fête Bayrou, et dont les quelques bouquinistes survivants à Pau, jadis mis en avant ont été déplacés au sous-sol, probablement pas assez à l'avant-garde de la république Macroniste, dans un nouveau piétinement des traditions. On regrettera que ce festival soit destiné à un public quasi exclusivement de boomers, et qu'il revête des allures de campagne municipale, quand il serait bon d'en faire un évènement pour intéresser les jeunes à la lecture et à l'écriture, au lieu de dire aux vieux de bien regarder la télé et de désinstaller Twitter comme ce fut fait l'année dernière... Sur leur site, on ne trouve nulle part un espace pour donner aux jeunes créatifs l'opportunité de présenter leur travail, ou une conférence, pas de formulaires pour devenir exposants, pas de dates ou de thèmes annoncés d'avance. Je comprendrais qu'on ne veuille pas y exposer des types absolument infréquentables comme moi, mais offrez donc une chance aux jeunes... La programmation est en totale déconnexion avec les discours ambiants, c'est la dissonance cognitive totale et tout semble verrouillé ; tout est copinages aux responsables qui invitent eux-mêmes les intervenants qu'ils jugent dignes. Centralisation, quand tu nous tiens, et ça parle de démocratie...

Le château de Pau, qui inclus également le domaine de 22 hectares avoisinant, compte quelque 79 employés : guides, vigiles, jardins (entre 10 et 15) en constituent la plus grande partie, et pour le reste ce sont des les artisans conservateurs, responsables de communication, évènementiel, partenariats, et le conservateur – directeur qui est logé sur place. On voit donc quotidiennement les vigiles en pose cigarette et les jardiniers en train de replanter les fleurs au petit jardin. Le château dépend du ministère de la culture, et la CGT semble être fermement opposée à ce que ça ne change comme le prouve leur grève de 2021 menée par longue épée en transe contre rattachement au centre des monuments nationaux, puis de 2022 pour les salaires, puis d'une série de 20 fermetures en 2023 pour protester contre la réforme des retraites, pour les conditions de travail, au mépris des réservations payantes des touristes... Trip Advisor affiche tout de même une bonne satisfaction, si ce n'est de la part de la quasi-totalité des anglophones, du fait des guides ne parlant pas anglais et du manque d'alternative en papier ou enregistrement, que j'avais moi-même constaté lors de ma visite, car on aurait aimé un fascicule de description des différentes œuvres présentées ; on comprend donc leur déception, eux qui raffolent d'histoire et de châteaux forts. De même, avec l'appréciation dont je faisais preuve de l'exposition, sortant à midi de la visite, j'aurais apprécié que la guide m'informe sur la tenue d'une conférence le jour même, à 15 heures sur le thème Henry IV et le Hercule moderne. C'est raté, et nous avons ici une armada du service minimum. Pourtant, une association semblait très active et passionnée dans l'ére pré-COVID, la Société des amis du château de Pau, et semble désormais avoir délaissé son activité. Cette association, j'en suis sûr, aurait été tout aussi efficace dans le maintien du château, la prise d'initiatives ou l'allocation périodique des besoins, sans 80 personnes là à temps plein... Car les volontaires sont toujours plus volontaires que les employés.

A titre de comparaison, le château d'Abadie est géré par la mairie et l'office de tourisme d'Hendaye, et celui-ci propose pour faire revivre le lieu et le faire découvrir aux jeunes des « escape game », et sur 1000 notes, il y a 100% de 5 étoiles, et on se passera de commentaires supplémentaires. Le château d'Edinbourg, pour sa part, offre une animation quotidienne : tous les jours, à 13h pétantes, on tire au canon. C'est traditionnel, et la foule des touristes comme les locaux peuvent assister à ce petit évènement. Remettre le puit en marche, avec une structure en bois construite par un artisan local, une belle manivelle et un seau à l'ancienne pour démontrer l'usage d'un vieux puit, sur les coups de 11h, ça ne coute pas cher, ça fait plaisir et refait vivre ce quartier.

Autre élément « amusant », le 27 juillet 2024 s'est tenue la fête du Roi Henry IV, qui semble être une initiative extraordinaire puisqu'elle invite la population à se mettre en tenues d'époque pour un festival médiéval qui rappellera un peu ce qu'on peut voir au Puy du Fou. On y fait intervenir couturiers, artisans et un marché y offre des démonstrations de métiers et savoir-faire anciens : forge, métiers à tisser, tailleurs de pierres, etc. Exceptionnel ! En me baladant dans le quartier du Château, en questionnant l'office de tourisme, les restaurateurs, les artistes et les vigiles du château, j'ai cru comprendre qu'il aurait de nouveau lieu cette année. Aucune date fixe, aucune communication, rien ne semble bien certain... Les restaurateurs du quartier se plaignent tous du manque d'activité et du faible passage touristique dans le quartier... Pour cause, le château est au bout et il n'est pas très accueillant... On m'indique que la gérante du Manhattan, Laure, est la cheffe de l'association du quartier ; le Manhattan du vieux quartier de Pau...

Le marché du dimanche matin à Gramont, avec son dernier bouquiniste qui n'est pas loin de rendre son tablier, est en perdition ; pourquoi ne pas transformer ce marché en marché traditionnel régulier, comme celui de la fête du Roi, avec ceux qui la fréquentent en tenues médiévales. Sur cette place, les quelques restaurants comme le Gueuleton profiteraient surement de cette amusante et espiègle population. On pourrait même imaginer quelques maréchaux-ferrants et entraineurs d'équitation venir présenter leurs plus belles bêtes afin de faire rêver les enfants et de promouvoir leurs activités. Je pense aux écuries Phoenix, par exemple. La place Gramont s'y prête très bien.

Les Retraités

Les retraités non plus ne seront pas épargnés ici. J'ai coutume de nourrir les oiseaux au Foirail et à parler aux retraités. Ils me disent ne pas aimer Bayrou, et lorsque je leur en demande la raison, c'est parce qu'il n'a pas construit de dossier sur les terre-pleins comme il le leur avait promis. Je crois qu'on atteint là le stade 0 de la société. Il y a pourtant beaucoup de bonnes raisons de ne pas aimer Bayrou, et celle-là est très mauvaise. Pourtant, ces vieux ne sont pas inintéressants, ce sont des docteurs en histoire, des bascophones doués de talents, mais ils sont là à geindre sur leur petit confort matériel arborant leurs nombreux diamants et en se plaignant d'attaques au couteau auxquels ils confirment n'avoir jamais assisté. Une réponse comme celle-ci devrait tout simplement leur retirer le droit de vote. Lorsque je leur demande ce qu'ils font le soir, ils répondent qu'ils regardent la télévision. Ils tremblent de n'avoir point d'or pour orner leur tombe, cependant que ce n'est pas d'or dont ils auraient besoin mais d'honneurs de leur progéniture. Non loin, une vieille dame tombe à vélo et un arabe en survête posé au PMU se précipite pour l'aider. Pas pour lui voler ses diamants.

Les Médias

Pour terminer à Pau, les canards locaux Sud-Ouest, La République des Pyrénées et l'Eclair jettent probablement l'huile sur le feu déjà vif de la télévision. D'ailleurs, les 3 sources d'information principales ici sont toutes hébergées au même immeuble, adjacent au musée de la Déportation et aux finances publiques. Encore, tout un symbole... Alors faut-il minimiser les actualités ? Non, mais faire la part entre faits divers et généralités. S'attaquer aux causes plutôt qu'aux symptômes et se faire critique constructive de l'entité centrale, de l'organisation et de l'administration, tout en fournissant des solutions autres que « plus d'argent gratuit ». Centre droit, centre gauche, nous sommes ici à l'extrême centre. Où est donc la diversité qu'on prône tant en France ? Même après proposition gratuite de mes piges, l'autruche préfère enfouir sa tête sous terre.

En somme, tout ce qui relève du gouvernement à Pau est devenu caduque et inefficace, bien que Pau soit mieux loti que d'autres villes aux mairies socialistes ou les verts, et n'ayant pas suivi l'évolution technique moderne en se reposant sur de vieux lauriers, chaque décision aussi petite soit-elle débouche sur des débats et des tempêtes sans fin, les égos et les querelles de lignes budgétaires s'entrechoquant au lieu de se relever les manches pour s'attaquer aux problèmes, car les moules sont bien fixées à leur rocher.

La dette de Pau par habitant de l'administration Bayrou se monte à 1200 euros par tête, ce n'est pas catastrophique. Cependant, elle ne compte que 50% d'actifs, qui vont devoir en assumer le poids. Les enfants ne vont pas payer, mais il n'y en a plus tant que ça, des enfants. On comprendra donc comment on se dirige à grand pas vers l'euthanasie, puisque les vieux sont devenus inutiles du fait d'un système de retraite qui fait que tout le monde avance en trainant des pieds jusqu'à la sainte retraite pour pouvoir enfin trainer des pieds à la retraite. Quelle dynamisme... Pau est belle et propre, elle dispose de tout ce dont elle a besoin. On regrettera de ne pas voir les curés arpenter les rues ou se creuser la tête pour reconstruire la communauté et rendre utiles les inutiles. Le changement, c'est aux Palois, à titre individuel, de l'opérer et à quelques employés publics de prendre sur eux. Surtout, il faut arrêter d'avoir peur, maintenir les traditions, se fier au bon-sens, car au point où nous en sommes, personne ne tiendra rigueur à qui que ce soit d'une erreur honnête.

Rappel : Petit mode d'emploi de la Stasi

La police secrète de l'Allemagne de l'Est possédait la plus forte proportion d'informateurs et d'agents secrets de l'histoire, avec une personne sur soixante impliquée.
Ecoute téléphonique, contrôle du courrier, registres et listes noires, elle allait même jusqu'à examiner les déchets des citoyens pour identifier d'éventuels aliments provenant illégalement de l'Ouest.

Le recours massif à des informateurs distinguait la Stasi des systèmes antérieurs de surveillance.

Son objectif était d'embrigader dès le plus jeune âge et parmi les mineurs, dont beaucoup espionnaient probablement leurs propres parents, par un appel au patriotisme, offre de bénéfices matériels, chantages et menaces de poursuites judiciaires ou promesses d'immunité et d'aventure.

Leur tactique clé est la suivante : l'attrition, ou la corrosion (zersetzung en allemand) comme une forme de harcèlement indirect, en réduisant fortement la capacité d'action des individus et des groupes ciblés, idéalement jusqu'à ce qu'ils cessent complètement leurs activités. L'objectif est de saper subtilement la confiance des individus, par exemple en détruisant leur réputation, en provoquant des échecs professionnels ou en brisant leurs relations personnelles, dans une forme de « dictature douce », tout en n'arrêtant pas systématiquement les dissidents et en paralysant les institutions en tirant profit des informations privées auxquelles elle a accès.

Quelques-unes de leurs méthodes au niveau collectif :
- Créer des tensions internes parmi les membres, notamment à travers des questions d'argent, de relations personnelles (y

compris sexuelles), ou de divergences idéologiques ou politiques.
- Entraver ou saboter les activités en infiltrant des agents qui acceptaient des tâches sans jamais les achever, perdaient du matériel, exigent sans cesse des modifications inutiles afin de ralentir les productions, ou diluaient l'impact des actions menées.
- Isoler les groupes des autres militants, en répandant par exemple des rumeurs sur leur moralité ou leurs convictions politiques.

Au niveau individuel, l'objectif est de les « désactiver » en sapant leur confiance en eux-mêmes et en l'importance de leur travail. Pour la Stasi, peu importait que la cible craque sous la déception, la peur, le burn-out ou la maladie mentale. Tous ces résultats étaient jugés satisfaisants, et les officiers impliqués étaient indifférents aux conséquences psychologiques et sociales de leurs opérations.
Ainsi, la personne ciblée voyait se détériorer progressivement qualité de vie personnelle et professionnelle.

Première étape
Analyse approfondie des données accessibles publiquement : dossiers médicaux, scolaires, judiciaires, renseignements divers, perquisitions au domicile de la cible. L'objectif est de repérer des failles sociales, émotionnelles ou physiques exploitables : infidélités conjugales, passé criminel, alcoolisme, drogues, ou différences sociales susceptibles d'isoler l'individu.

Deuxième étape
Cette phase implique généralement une surveillance manifeste, destinée à faire comprendre à la cible qu'elle est observée par la Stasi, induisant un climat d'anxiété. Les tactiques incluent interrogatoires, fouilles répétées, écoutes téléphoniques évidentes, visites visibles sur le lieu de travail afin d'alerter l'entourage professionnel.

Troisième étape

Les dernières étapes comprennent harcèlement verbal et physique : déplacements discrets d'objets domestiques (meubles, réveils mal réglés, disparition du café), sabotages (pneus crevés), diffusion de rumeurs, prise de rendez-vous au nom de la cible, etc. Souvent, les proches devenaient un moyen indirect de pression ou de persuasion. Les victimes subissent régulièrement des arrestations, agressions physiques par des policiers en civil, ou harcèlements dus aux rumeurs diffusées.

Si je fais ce rappel, c'est pour vous aider à analyser et désamorcer les méthodes qu'on utilise sûrement déjà contre vous.

L'exemple Britannique

Nous avons en Angleterre un très bon exemple de ce qu'une monarchie parlementaire ne devrait pas être : elle fonctionne main dans la main avec le gouvernement, alors qu'elle a le pouvoir de révoquer celui-ci, et elle récompense ses mauvais comportements plutôt que d'établir une ligne directrice générale à la nation et de protéger la population contre les abus administratifs d'un gouvernement sans autorité morale. Camilla semble être haïe, de même que le très pédant Charles qui se sent obligé d'amener sa Rolls partout où il va, et dont la réputation avait déjà été entachée à la mort de Diana qui reste dans la mémoire de tous les citoyens comme une personne humaine partie trop tôt et dont nous aurions bien besoin aujourd'hui…

Ce qui est absolument frappant dans ce pays, c'est la quantité de surveillance en place par camera CCTV. C'est effarant et ça dénote une forme de culpabilité de l'état qui gouverne très mal mais qui se défend bien. Le seul autre endroit dans le monde où on peut en trouver autant, c'est en Chine. Est-ce qu'il n'y aurait pas un rapport ?

La police et la justice préfèrent enfermer des « dissidents » comme Tommy Robinson qui alertent sur des dérives atroces, plutôt que des gangsters étrangers qui ont violé et prostitué des mineurs.

A la gare internationale, un Français qui fait la manche, tout propre et bien éduqué bien lettré, environs la cinquantaine et qui me demande banco 5 euros pour le sandwich car il avait bien faim. Que fait-il, où vit-il ? Accueilli comme un migrant dans un centre de Westminster, il touche environs 400 pounds par mois. Je lui demande s'il met la main à la patte pour aider au centre, ou s'ils utilisent les migrants comme bénévoles. Mais ça ne semble pas bien l'intéresser, et répond par la négative…

A Edinburgh, je croise une de ces fourgonnettes de NHS qui se gare dans la rue pour livrer un médicament à une vieille dame ; je sens l'aura et décide de sortir mon téléphone pour filmer ; un jeune livreur sort du véhicule et cri sur la vieille qui n'entend pas immédiatement sa sonnette.

J'échange avec un vieil Italien dans un jardin privé qui est par ailleurs bien entretenu si on compare aux jardins communaux publics où rien ne pousse et où les jeunes trainent et boivent des bières ; il m'explique que la situation de la santé est catastrophique, que ça lui prend des mois pour avoir le moindre rendez-vous chez un médecin et que les séances remboursées sont d'une médiocrité sans nom. Le serment d'Hippocrate est bien loin de nous.

Le système social hérité de la période victorienne est inhumain et n'a pas beaucoup évolué, on pensera aux romans d'Oliver Twist et aux enfants des rues, et s'ils sont aujourd'hui placés en foyers d'accueil, ce n'est pas évident qu'ils aient une meilleure vie que les enfants des rues d'autrefois…

L'Occident subverti et le discret péril jaune

La subversion est un mode de guerre subtil dont les Chinois ont toujours été les spécialistes et qui consiste à saper la base spirituelle et morale d'une nation en la poussant plus ou moins à l'autodestruction ou à la guerre civile afin d'en venir ramasser les miettes. On s'attaquera en premier lieu aux organisations religieuses, au système d'éducation et aux réseaux de diffusion d'idées en détournant l'adversaire des domaines utiles et productifs vers des domaines sociétaux et vains et en sapant les fondements moraux et traditionnels profonds ; par exemple, on passera d'un développement de médecins et d'ingénieurs au développement de manageurs et responsables de diversité et inclusion. Nos modèles de sociétés occidentales dites « ouvertes », en comparaison avec les sociétés « fermées » comme la Chine sont extrêmement vulnérables à cette stratégie, puisqu'il suffira par exemple de placer des élèves, professeurs, journalistes extérieurs pour influencer et modifier les enseignements et la mystique de l'intérieur. En une seule génération ou environs 20 ans, il est tout à fait possible de saper les bases idéologiques d'une nation pour aboutir à un pays totalement ingouvernable et fomenter la guerre civile, dont nous ne sommes pas loin, et dont nos élites corrompues sont complices.

On en parle très peu mais la Chine affiche clairement une revendication impériale sur l'Europe, notamment en Europe de l'Est avec la création de la coopération 16+1, le rachat du port du Pirée en Grèce, et dans le domaine de la mystique, l'application Titktok dont on comprendra que Trump veuille prendre le contrôle. Si à une époque Angela Merkel était faussement naïve de croire que la Chine emploierait des dirigeants européens pour ses structures occidentales, elle préférera évidemment former ses propres élites anglophones. La seule solution valable face à la Chine serait que nos élites européennes placent des vétos et protègent leurs industries clés : énergie, alimentaire pour le moins. Mais même ça, elles sont incapables de le faire, car la Chine est habile et utilise la loi et la médiocrité de nos dirigeants à son avantage.

On aura ici un très bel exemple de leurs méthodes avec la SAFER, cette entité déjà maintes fois épinglée par la cour des comptes pour sa gestion déplorable, ses prises illégaux d'intérêts, ses commissions opaques. Cette organisation dont le rôle est la préservation des terres et savoir-faire agricoles est en quelque sorte la société de surveillance des transactions immobilières agricoles ; et pourtant, la Chine parvient à racheter nos terrains massivement. Comment ? En exploitant des failles dans leurs moyens de contrôle, par exemple en achetant les sociétés immobilières et en laissant au vendeur 1% des parts, ce qui ne semble pas les inquiéter plus que ça. Nous avons donc une organisation plus ou moins mafieuse qui ne parvient pas à remplir son seul et unique objectif et ne fait preuve d'aucun bon sens ou d'innovations pour protéger notre indépendance alimentaire ; c'est à se demander si la SAFER n'est pas complice en fermant volontairement les yeux... Une fois que toute nos terres auront été vendues, on dira bien que c'est leur faute, mais ça ne résoudra pas le problème, car il sera trop tard. Cette agence devrait tout simplement être supprimée pour être remplacée par des contrats intelligents décentralisés, lorsque ces droits de propriété auront été portés sur la blockchain, comme j'en suis certain tous les notaires, les mairies et les cadastres sont en train de le faire au moment où j'écris ces lignes (hic)...

Pour rester du côté des campagnes, il nous suffira de prendre l'autoroute et d'admirer les métastases, les parcs de moulins à vent éolien dont l'objectif est la production d'énergie verte, pour nous apercevoir de la puissante subversion dont nos pays ont été victimes par le biais d'idéologies centralisées. Ça doit les faire beaucoup rire aux chinois que nous soyons bêtes au point de croire que couler d'énormes dalles de béton et creuser des tranchées pour y poser des câbles soit une solution respectueuse de l'environnement et de la biodiversité, tandis qu'eux brûlent du charbon plein pot. Ces abominations totalement inefficaces pour ce qui est de la production d'énergie sont le fruit du storytelling de la crise climatique, des subventions associés et des banquiers véreux aux plans de financement plus que douteux, on le constatera avec nos voisins espagnols qui souhaitent se voir raccordés au nucléaire français du fait des récentes coupures sur leur réseau, eux qui sont censés atteindre d'ici 2050 les 97% d'énergies renouvelables. Renouvelables, ces technologies le sont puisqu'il faudra entretenir et changer les pièces fréquemment, mais rentables probablement jamais. C'est par l'intermédiaire de Bruxelles et de l'Allemagne, par politiques incitatives et subventions, que nous en sommes arrivés là. Qui fabrique ? La Chine évidemment, et combien de pots de vins versés aux preneurs de décisions.

Pour terminer, c'est bien la Chine qui est à l'origine de la crise des opioïdes américaine, avec plusieurs sociétés écrans chinoises important les précurseurs nécessaires à la fabrication du fentanyl depuis leurs usines chinoises, dans ce qui est devenu la première cause de mortalité depuis une dizaine d'années, dans une guerre de l'opium inversée.

Il faudra, pour voir le péril qui vient, lire entre les lignes car c'est justement ce dont on ne parle jamais qu'on doit chercher, le propre de la subversion, c'est la discrétion. Soyez malin ! Malin comme un Chinois.

Services sociaux et ASE

Les services sociaux, comme nous avons pu le voir dans Orange Mécanique, sont l'ultime levier de contrôle et de pression politique sur les familles. Les travailleurs sociaux sont les intermédiaires entre familles et juges, et si vous, parents, ne vous teniez pas à carreau on viendrait aisément vous retirer la garde de vos enfants, que ce soit pour des questions de vaccins, d'idées politiques ou simplement en raison de vos conversations privées, si vous aviez eu par exemple le malheur de critiquer la Drag Queen venue donner à vos enfants un cours d'éducation sexuelle précoce. Car le diable, pour vous atteindre, n'hésitera pas à faire usage de vos enfants, surtout si vous êtes en position de responsabilité ou simplement gênant. Dans la nouvelle idéologie wokiste en place, la famille est identifiée comme la barrière au développement de leur société idéale, celle de la jouissance immédiate et de la marchandisation humaine, et si par malheur votre progéniture exprimait le moindre doute sur sa sexualité, il serait très vite repéré / accompagné / encouragé par des professeurs, travailleurs sociaux et psychiatres, et placé sur des rails jusqu'à la clinique de la fameuse et juteuse transition, subventionnée par la sécurité sociale. C'était le cas en Australie avec l'organisation Headspace qui plaçait des conseillers dans toutes les écoles ; il n'y a aucune raison que ce ne soit la même chose en France avec un président qui a été lui-même modelé par ce système, par le monstre cauchemardesque Brigitte Macron.

Depuis nombre d'années et du fait de la quantité d'abus constatés et matraqués médiatiquement, on a vu petit à petit se fermer les établissements privés et religieux d'accueil d'enfants qu'on appelait orphelinats, qui avaient l'avantage d'embarquer la fonction éducative contrairement aux nouveaux établissements tels que les MECS et villages d'enfants qui de manière assez peu pratique et très couteuse en logistique, souhaitant s'inscrire dans une démarche de communauté, d'autonomie, ne sont plus en mesure de subvenir aux besoins existants, ni à faire face aux coupes budgétaires qui arrivent... L'autre grande alternative, également très onéreuse et absolument ingérable a été l'utilisation de familles de placement qui deviennent vite des machines à fric et à prostitution juvénile.

Un enfant placé sur deux, dit-on, est victime d'abus sexuels.
Nous avons en France entre 200 et 300,000 enfants placés dans le système de l'ASE (aide sociale à l'enfance) qui coute environ 10 milliards d'euros annuels et dont le coût explose du fait de la grande tension économique, qui en accroit mécaniquement la demande... Entre les jugements à huis-clos et le réseau de pouvoir qui en protège les acteurs clés, il est assez difficile de fournir des détails précis sur les abus, et on citera rarement le nom des coupables ; si le sujet vous intéresse, je vous referrerais au travail de Karl Zero ou de l'avocat Michel Amas. En 2017, un inspecteur de l'ASE est mis en examen pour viol sur 5 fillettes ; on ne donnera pas son nom. Ce système des plus opaques et ingérables ne permet pas d'en mesurer les résultats. Dans le cas de l'Australie, puisque j'ai pu avoir accès aux chiffres, pour un enfant placé à 12 ans c'est en moyenne 8 différentes familles d'accueil dans lesquels il sera trimballé jusqu'à ses 18 ans, avec en finalité 9 adultes sur 10 finalement placés sous traitements chimiques dans des foyers gérés par des organisations non gouvernementales, sans optiques de sortie comme nous avons déjà pu l'aborder dans le tome 2.

Les placements consécutifs sont autant de traumatismes dans la construction personnelle que devra subir un enfant, en sus du traumatisme de la séparation des parents, car les services sociaux ont tendance à écarter les enfants de tous contacts familiaux et il sont en grande partie responsable de la chute de la natalité, puisqu'en interférant dans la cellule familiale et en attaquant systématiquement le père qu'ils rendent vulnérable, nous avons réduit la place primordiale de la famille et affaibli le père auquel l'état, en quelque sorte, se substitue.

Dans un modèle sain et régi par la fonction karmique, les mauvais parents seraient punis par la communauté et les enfants placés dans un orphelinat jusqu'à constat d'une nette amélioration des parents, et la reconnexion entre parent et enfant laissé au bon jugé de l'orphelinat et de ses sages-soigneurs. Le parent pourrait ainsi maintenir un rapport avec l'enfant, et le placement en orphelinat offrirait un suivi de l'éducation et du soin bien supérieur à des placements dans des foyers successifs. Comme je le disais, on a eu tendance ces 50 dernières années à se détacher du modèle de l'orphelinat pour cause d'abus et de surpopulation. Les moyens techniques et notamment les systèmes de surveillance se prêteraient aujourd'hui très bien à ce genre de lieux, et nous avons un nombre incalculable de bâtiments abandonnés en France, de monastères, de vieilles bâtisses qui pourraient être des lieux d'accueil équipés de ces nouvelles technologies. La gestion de ces lieux pourrait revenir à une nouvelle classe d'individus, sortes de néo-prêtres soignants qui supervisent la réfection des lieux, entre formation de nouveaux moines, main d'œuvre volontaire, et avec l'accompagnement des guildes de bâtisseur, de la franc-maçonnerie opérative et des recrues du service militaire/civique que nous aborderont dans une partie suivante. L'orphelinat, où l'enfant se verrait dès 12 ans allouer des tâches utiles et productives, se verra substituer dès l'âge de 16 ans par un service militaire anticipé, qui permettra à la société d'exercer un certain niveau de contrôle sur l'orphelinat, et le jeune y sera préparé d'avance suivant ses goûts, pour une carrière civile, militaire ou autre fonction utile à la société.
Pour opérer un changement aussi profond, il est nécessaire de mobiliser à la fois le réseau chrétien, le réseau public et la communication médiatique positive, qui ne parviennent évidemment jamais à s'accorder comme nous l'avons déjà abordé avec le cas de Betharram, et d'éduquer une nouvelle caste non pas à la rétribution financière, mais à la rétribution morale et spirituelle. Il semble donc que ce soit par la base qu'il va falloir opérer ce changement... Un bon

début serait de réinstaurer le service militaire pour tous, hommes et femmes, avec l'alternative d'un « service spirituel » pour former les soigneurs et les nouveaux garants de l'élite de conscience.

A Ciboure se trouve la communauté de Béthanie, ancien orphelinat dont les occupants, frères de Ploërmel, l'utilisent comme une sorte de maison de retraite, mettant à disposition un de ses pavillon pour une association d'accueil de migrants. C'est l'association qui touche les aides publiques pour ces placements, tandis que les frères se défaussent de leur responsabilité morale et en tirent une certaine fierté… Là encore, comme à la cité St Pierre, point de jeunesse et lorsque je leur soumettais mon idée, c'est la peur et la colère que j'ai pu lire dans leurs yeux. Il me semble bien pourtant que c'était la raison d'être des frères de Ploërmel que de former la jeunesse, à une certaine époque et je peux comprendre leurs craintes vu le ramdam et le bashing systématique qui est fait autour des Catholiques. La seule solution est encore de modifier le dogme tout en protégeant leurs arrières par la transparence et la communauté, comme préconisé dans la première partie de cette étude, afin que le bashing ne cesse et qu'on libère le karma chrétien. Un barbecue sans alcool le dimanche après la messe pour convier la communauté à socialiser, les enfants orphelins, les enfants placés avec les enfants non orphelins et leurs parents ferait pourtant bien l'affaire.

Une autre expérience directe que j'ai pu avoir avec l'ASE c'est lorsque, serveur dans un restaurant, les clients que je servais furent une aide-soignante en centre d'accueil pour mineurs et son mari tout vêtu de Sergio Tacchini qui roulait en BMW, et qui me proposèrent très vite de me prêter les clés de leur appartement à Gourette, verre de Ricard sur verre de Ricard, et il y avait chez eux quelque chose de bizarre… Elle m'affirmait que le travail en centre était intense et pénible et je lui confessais que quelque chose allait devoir changer rapidement, et lui exposais l'idée des monastères et orphelinats ; elle priait que ça n'ait pas lieu pendant encore 5 ou 6 ans… Je suppose que les heures sup. et les agréments occultes du métier devaient lui être agréable, malgré la difficulté dont elle se plaignait.

Les syndicats mafieux et le mauvais exemple de la SCNF

On a vaguement abordé le sujet de la CGT avec le château de Pau et j'utiliserai quelques expériences personnelles que j'ai vécu en gare Montparnasse pour illustrer mon propos. La première, à mon retour d'Australie avec mes 70Kg de bagage au moment des préparatifs des JO 2024, en plein plan Vigipirate, je laissais pendant 2 minutes sous la surveillance d'une dame mes valises. Sortant du pipi à 1 euro, je fus reçu par 5 CRS en armes qui me verbalisèrent en me souhaitant un bon retour en France. 151 euros le pipi. À la suite de cette mésaventure, la fois suivante, je me décidai à consigner mes valises. Je payais donc 10 euros de consigne ou ma valise n'entrait pas suivant le passage d'un portique géré par une jeune dame au comportement hautain, et je me rendais aux toilettes où on m'offrait un bon d'achat pour des produits souvenirs vendus dans la salle de bain. 11 euros le pipi, ce n'était pas si mal. En sortant des toilettes, je descendais l'escalator, vers 14h et je constatai une foule d'hôtes SNCF, 6 d'entre eux sortant du McDonalds en trainant des pieds.

Le syndicat des cheminots est tout puissant en France et il prend tout le monde en otage, pour LEURS salaires, pour LEURS conditions de travail, pour la dignité des taches effectuées puisque semble-t-il le nettoyage des salles de bain n'est pas digne des taches d'un employé public pour le sous-traiter à une agence externe qui recrute des employés immigrés. C'est la France sociale, celle de l'égalité et de la fraternité.

Vu le comportement de certains contrôleurs qui désormais se doublent d'une fonction d'animateurs, ça doit vraiment commencer à se sentir chez les clients, et je me demande si les employés eux-mêmes ne sont pas pris en otage par des syndicats aux comportements mafieux, c'est-à-dire qui mèneraient la vie dure des employés qui refuseraient de joindre le mouvement, comme j'ai souvent pu le voir dans les syndicats de construction ou dans ceux des soins à la personne australiens.

Le régime de retraite de la SNCF est un régime spécial, qui sert environ 5,2 milliards de prestations vieillesse à 264.000 pensionnés pour 147.000 cotisants. Le régime de retraite est fortement déficitaire, d'où une contribution d'équilibre de l'Etat de 3,3 milliards d'euros, soit une subvention de 12.500 euros par retraité SNCF. Les cotisations de retraite sont plus élevées pour l'employeur (37,44%) mais moins élevées côté salarié (8,52%).

Depuis 2008, l'âge de liquidation des droits est relevé respectivement de 55 à 57 ans et de 50 à 52 ans à partir de 2024 pour les personnels roulants. Pour les autres agents dits sédentaires, l'âge d'ouverture des droits passe à terme de 60 à 62 ans. La formule de liquidation est proche de celle de la fonction publique avec un taux de 75% du salaire du dernier mois. On a là le plus bel exemple d'un modèle totalement éculé, déficitaire, injuste vis-à-vis d'autres professions et inaltérable du fait de la pression exercée par les syndicats qui mettent toute la France à l'arrêt pour protéger leurs privilèges. C'est une vraie cour de récréation. L'évolution des prix des transports publics est en quelque sorte le thermomètre. En résultat de ce système inaltérable, le soi-disant service public se voit obligé de privatiser, autant que faire se peut, et si les premiers jours d'une privatisation les maitres mots seront satisfaction et rapport-qualité prix, lorsque l'on connait le fonctionnement du métier bancaire des « fixed assets » comme les autoroutes ou les réseaux d'énergie, on pourra bientôt aller vous taper directement au portefeuille, lorsque l'état devrait être garant de la stabilité des prix des services et infrastructures déjà investies et déboursées, mais qui ne cessent de croitre.

Recruter à tours de bras que ce soit dans les Postes ou les gares, n'est-ce pas une stratégie de l'état pour se maintenir, assez bien empruntée aux méthodes de la Stasi ? Combien de temps encore croyez-vous qu'un système de retraite déficitaire de plus de 60% puisse perdurer ? Et j'espère que vous faites bien le lien avec l'euthanasie... Euthanasie de l'état nazi.

Le Diktat environnemental

L'économie verte est une belle arnaque imposée de manière centralisée, et sans aucun fondement scientifique par les détenteurs de la mystique, et ma génération en aura pour preuve le très alarmiste Al Gore et son film Cette vérité qui dérange, documentaire diffusé à l'époque dans toutes les écoles et lycées à propos du réchauffement climatique et des émissions de gaz à effet de serre. S'il est évident que l'activité humaine est destructrice, notamment pour les fonds marins, les rivières et les écosystèmes du fait des diverses ruées et perturbations qu'elles engendrent, la transposition des modèles climatiques par les entités centralisées, Nations Unies en tête, qui imposent des indicateurs arbitraires et uniques tels que le Net 0 Emissions poussent les nations à agir sans aucun pragmatisme dans leurs stratégies d'investissements publics, tout en accroissant leurs propres coûts de production par des punitions auto-imposées, menant à la fois à une catastrophe environnementale pour les écosystèmes où sont installés les substituts énergétiques de piètre qualité en comparaison de technologies efficaces et éculées ; à un scandale social du fait des nouvelles règles de construction et des rénovations énergétiques imposées aux particuliers ; à un scandale alimentaire des diverses interdictions de surexploitation des terres agricoles et enfin à un scandale économique dont nous aurons beaucoup de mal à nous relever du fait de la perte des savoirs-faires dans des domaines clés, de notre retard d'investissement et de notre dépendance énergétique croissante, qui fait assez rire Poutine. Si on ajoute à cela le conflit Ukrainien auquel nous prenons vivement part, nous avons la recette de la parfaite tempête.

Et comble de la laideur, nos élites bizuteurs en viennent à nous imposer des pastilles vertes, des zones d'exclusion pour la circulation des plus vieux véhicules thermiques, disposition bourgeoise et exclusive par excellence. On ne veut plus de pauvres en ville. Flairant la gronde, ils se sont toutefois bien vite rétractés. Comme quoi, ils ne sont pas sereins, et se manifester ne sert pas à rien…

La Bureaucratie parasitaire

C'est l'ADN bureaucratique d'en faire le moins possible, et la loi non écrite l'encourage. Toujours plus de lois, toujours plus de règles et d'interprétations qui retirent aux citoyens tout jugement et bon sens pour protéger le sommet. Cette bureaucratie sévie dans toutes hiérarchies humaines, que ce soient les associations, entreprises, administrations publiques, etc. Il faudra comprendre que la hiérarchie est une des premières formes de magie ancienne en ce qu'elle permet de contrôler les comportements humains collectifs. Une hiérarchie devient bureaucratique après que son initiateur ou leader original ait disparu, pour subvenir aux luttes de pouvoir. La bureaucratie est un produit de ces hiérarchies et des lois qui sont écrites pour les encadrer, et c'est en grande partie de ce fait que déclinent les grandes civilisations.

En France comme en Australie, j'ai pu constater que la bureaucratie parasitaire prétend jouer la transparence en mettant à disposition des bases de données où chaque citoyen peut constater les dépenses et le fonctionnement de l'administration publique. En effet, le site de la DREES semble bien utile à première vue, et fourni des données brutes sur les dépenses et ses détails. Cependant, je mettrais au défi n'importe quel citoyen de faire usage de ces données sous la forme où elles sont communiquées. D'un côté on vous donne une table dont les attributs sont codifiés ; et de l'autre une table pour les décoder. Jusque-là tout va bien, on a bien l'impression de transparence, mais entrez dans le détail et vous vous rendrez compte que la traduction des codes est inutilisable, que sont mêlés totaux et sous totaux et qu'on ne donne pas une liste des comptes simple avec une hiérarchie qui permettrait de facilement produire un modèle de données, mais qu'au contraire on brouille les pistes afin de rendre tout traitement et vérifications par le public pénible et difficile. Ainsi, la bureaucratie parasitaire rempli son objectif de transparence en restant opaque, et elle vous pointera vers son site et ses données brutes si vous osez arguer le manque de transparence... tout comme l'argument sécuritaire brandi pour contrer la moindre initiative...

C'est donc ainsi que fonctionne la bureaucratie parasitaire ; par des méthodes non écrites elle vous rend la vie dure, et c'est vous qui allez devoir faire le travail ; on transforme la moindre requête en un chemin de croix ; on intermédie tous contacts afin de ne jamais avoir à subir directement l'agacement du sujet ; on place là un robot ou une intelligence artificielle pour protéger le bureaucrate payée à ne rien faire ; on alourdit volontairement les procédures afin de justifier de nouveaux employés ou pour limiter votre marge de manœuvre ; récemment je conseillais à ma mère de vendre une partie de ses assurances vie pour acheter des actions MSTR alors au bon prix de 215 euros ; à son rendez-vous avec le conseiller BNP, voici les 3 choses que lui répondirent le conseiller : Madame, vous risquez de tout perdre, il va falloir que votre mari se déplace à la banque et nous déconseillons de vendre les assurances vie. Evidemment, venant de son banquier ça fait peur, et résultat des courses, l'opération n'a pas eu lieu. Le MSTR tourne autour des 400 euros à l'heure où je vous parle et ce banquier parasitaire a conseillé ma mère non pas pour ses intérêts à elle, mais pour ceux de la banque, par la menace...

Autre exemple, en 1 an c'est 5 cartes de crédit BNP que j'ai dû commander puisqu'elles s'arrêtent de fonctionner systématiquement, et ce n'est pas un cas isolé puisque je croise souvent au guichet des gens dans le même cas que moi. Ainsi, en déplacement je dois avant chaque retrait passer un coup de fil à mon conseiller afin d'autoriser les 100euros dont j'ai besoin, comme un ado qui appellerait sa mère pour demander une rallonge d'argent de poche. Je ne suis plus très à l'aise avec les parasites qui se trouvent à la tête de mes comptes bancaires et qui sont en mesure d'utiliser les informations qui sont là contre moi...

Aucune entité centrale ne devrait être garante ni de l'utilisation que vous faites de votre argent ni des montants, et son unique rôle devrait être la sécurisation, la garantie de mise à disposition sur demande et la discrétion. Malheureusement dans le cas des banques, ce sont des stagiaires et des sous-traitants qui sont généralement vos premiers points de contact, et dans ces deux cas, on ne peut évidemment pas garantir ni sécurité ni discrétion. Evidemment, si j'use de cet exemple, c'est que le système bancaire est devenu le plus bel exemple de bureaucratie parasitaire, que ce soit notre banque de tous les jours ou à un autre niveau la banque d'investissement et ses pratiques plus que douteuses qui lui permettent de générer des profits sans produits, et dont on aura un bon exemple dans le Loup de Wall Street de Scorsese. Pas étonnant que lorsque j'y travaillais en 2012, mes patrons votaient tous pour Hollande ; et moi qui croyais alors que les banquiers étaient de droite. Vis maintenant, les autres paieront est leur logique.

La préfecture

La préfecture, créée sous Napoléon comme un outil de décentralisation, par le statut de haut fonctionnaire de l'Etat et de leur formation est finalement devenu le meilleur instrument de la centralisation du pouvoir. Les préfets sont nominés aux préfectures sans aucun souci pour leur attachement régional et répondent directement à l'autorité centrale. Ainsi, fin 2024 a-t-on nommé un nouveau préfet des Pyrénées-Atlantiques, Jean-Marie Girier, ancien membre PS et directeur de campagne de Macron en 2017, ancien préfet du plus petit département de France Belfort, puis de la Vienne. C'est ainsi qu'on se retrouve dans nos départements avec des autorités qui ne connaissent pas les subtilités locales et imposent leur autorité despotique sur tout le monde, allant jusqu'à autoriser ou non la tenue de concerts sur la place du Foirail pour la fête de la musique, qui autorise traditionnellement la musique partout, et va jusqu'à imposer la couleur de leurs tables aux restaurateurs... On verra ainsi des karaokés YouTube improvisés sur la place Clémenceau un samedi après-midi mais point de fanfares au foirail pour la fête de la musique, ordres express du préfet de ne pas tenir de concerts hors de ce qu'ils nomment la « coque centrale » et évènements du « service culture de la commune ». Peut-être que pour la fête de la musique aurons-nous droit à la diffusion des enregistrements remixés des discours de l'Assemblée nationale.

Récemment, sur la place du foirail étaient envoyés des représentants du préfet, pour collecter justement les requêtes des concitoyens, puisqu'ils flairent bien qu'avec Bayrou au four et au moulin et la popularité que l'on connait du Président, la base électorale s'effrite, et toutes les décisions passant par un nouveau préfet frileux commencent à faire monter la gronde citoyenne.

Le Code Civil et le droit

Le code civil et le droit français émanent encore de l'ère Napoléon dans son désir de règlementer l'empire français avec une inspiration romaine. Ce code civil à l'origine clair et concis s'est vu étoffer de codes particuliers, auxquels nous surtransposons le droit européen, de même inspiration. En somme, entre code civil (5000 lois), code du travail (10,000 lois), code des impôts (6000 lois), code de la sécurité sociale (7000 lois) et toutes les normes en vigueur dans tous les domaines particuliers comme l'agriculture, avec près de 400,000 lois et normes la moindre initiative devient extrêmement difficile, voire insurmontable sans se blinder d'un avocat. Le code pénal s'est vu réformer depuis les années 2000 avec une forte tendance à la répression d'opinions et le délit terroriste plutôt que dans l'application des peines ; suppression des peines planchers et instauration des délits de haine n'ont rien à voir avec la prémisse du droit que sont l'objectivité et l'indépendance, et permettent à l'état de supprimer toute critique, et très probablement de faire usage de la petite délinquance pour saboter la communauté et les regroupements citoyens sérieux.

Si on veut prêter attention au diable des détails, et à l'absurdité de certains codes, on oblige certains types de restauration (restauration française par exemple) à détenir un CAP restaurateur, ce qui n'est pas le cas pour la restauration étrangère. Etonnant, n'est-ce pas ? Volonté ou négligence, je vous pose la question.

De manière générale, et sans rentrer dans les détails car cet effort serait surhumain, il faut revenir aux grands principes du droit, au bon sens et faire table rase de toutes les normes et règles qui ne produisent que micro-management des autorités et entravent l'initiative personnelle positive, tout en créant un climat entrepreneurial exécrable si on veut prendre le moindre plaisir à développer son activité.

Le conseil supérieur de la magistrature

Le nombre d'enfreintes commises par ce conseil aux libertés de l'information est effarante. C'est de là que sont commandités tous les assassinats politiques des opposants sérieux, puisque vous serez mis immédiatement sous surveillance téléphonique, et on trouvera bien quelque chose qui affecte l'opinion publique. On pensera à la procédure judiciaire express qu'aura subi Fillon, en contraste avec la lenteur habituelle de toutes les autres procédures enclenchées, ça pose question... On pensera évidemment à l'affaire d'Outreau qui est sans doute la plus évidente et la plus symptomatique affaire de la justice aux ordres d'une mafia invisible de trafiquants d'enfants ; la nomination et le harcèlement administratif d'un jeune et courageux juge d'instructions pour cette affaire complexe ; le traitement médiatique de l'affaire qui mettait les victimes au banc des accusés ; la défense organisée par Dupont-Moretti plus tard récompensé d'un poste de gardes des sceaux ; tout va se savoir, ne vous inquiétez pas.

Le mur des cons a prouvé que le conseil de la magistrature est tout sauf impartial, totalement soumis aux représentants politiques et aux forces de l'argent, il doit disparaitre au plus vite car il est garant, en dernière instance, du chaos ambiant.

La punition et la peine de mort

Je disais dans le tome précédent qu'il y aurait un temps pour juger les juges, et un temps pour juger les médias. Il est nécessaire pour faire société de faire peur aux méchants, c'est vieux comme le monde et ça fonctionne assez bien, comme nous en avons eu plusieurs exemples aux Philippines ; ou au Salvador plus récemment.

Réinstaurer la peine de mort pour certains des crimes les plus graves, comme les crimes de sang-froid et le proxénétisme juvénile semble tout à fait nécessaire. Appliquer des peines plancher immédiates ; autoriser la police à user de violence légitime et à faire preuve d'imagination dans les punitions. Utiliser l'armée pour s'attaquer une bonne fois pour toutes à l'implantation trop visibles des mafias. Une vidéo circule sur internet, c'est au Brésil, un homme est filmé en train de voler une vieille dame : la police dégaine et le tue pour la plus grande joie des passants. Malheureusement, le peuple ne comprend que le sang ; si ce n'est pas le sang des coupables que nous versons, ce sera celui des innocents. Versons plutôt le sang des coupables, puisque ça équilibre la fonction karmique et satisfait l'instinct primitif de l'homme.

Le financement des ONG

Les ONG financées par des fonds public doivent faire preuve d'une transparence parfaite, puisqu'elles sont des organisations privées bénéficiant d'une manne étatique.
L'ensemble de leurs données, l'emploi des ressources, les locaux physiques et leurs projets doivent être facilement accessibles par tous citoyens. Le nom des employés, de même que dans la fonction publique, doit être affichée grâce à un badge photo obligatoire permettant l'identification du travailleur dans ses heures de travail. La participation sous forme de bénévolat doit être rendue ponctuelle avec la même identification, et suffisamment simple afin d'offrir un contrôle immédiat de l'activité de ces organisations, qui bénéficieront par ailleurs de la main d'œuvre des personnes au RSA qui choisiront d'y faire leurs heures quotidiennes, et ce également les jours de fermeture. Les locaux et lieux de services publics doivent être pourvus de systèmes de surveillance en priorité par rapport à la surveillance des lieux de vie, des rues et des commerces, dans le respect des règles de la vie privée. Ainsi, un restaurant est un espace de vie privée – publique, une association financée par le public est un lieu de vie publique et devra être équipé en priorité des équipements de surveillance.

Service militaire et élite de conscience

Nous sommes confrontés comme nous avons pu le voir à une crise spirituelle doublée d'une crise de vivre ensemble. Le service militaire / civique obligatoire d'une durée de 2 ans, après abolition de la bureaucratie parasitaire et va-t-en-guerre, offrira une solution de choix au manque d'expérience commune et un rite de passage initiatique où chaque jeune pourra découvrir son âme et la communauté, par expérience pratique. Evidemment, dans le contexte d'une guerre avec la Russie ce projet semble peu ragoutant, puisque personne ne souhaite aller au hachoir à viande ni se faire voler ses organes pour enrichir Zelenski ou Macron, et surtout pas les militaires. Le service militaire a toujours été ce qui a rapproché les peuples : c'est un sacrifice individuel pour le collectif.

Il ne faut pas penser ce service comme une préparation à la mort, mais comme une préparation à la vie. Le service militaire permettra de développer le grand rêve de l'armée européenne, une armée avant tout défensive et humanitaire, qui permettra l'apprentissage des langues, des cultures et civilisations européennes par des détachements et exercices internationaux. Ces exercices pourront aller de la construction d'un pont, à la réfection d'un vieux bâtiment, à des missions de type humanitaire avec des populations sinistrées. Ce type de missions seront autant d'histoires communes avec des retombées positives de long terme et une opération soutenue, voire rentable, par la formation aux métiers dont les nations européennes auront besoin. Il sera possible de se substituer au service militaire par un service civique pour former l'administration nécessaire, ou encore un service spirituel pour former la nouvelle classe de sages et soigneurs, afin d'établir la future élite de conscience.

Villes anciennes vs. Villes modernes

L'opposition souvent évoquée entre les villes anciennes et les villes modernes n'a de sens que si l'on refuse de voir l'opportunité qu'il y a à penser l'aménagement urbain comme continuation vivante, plutôt que rupture fonctionnelle. Alors que les villes modernes ont souvent été conçues dans l'obsession de l'efficacité, du zonage strict et de la séparation des fonctions les villes anciennes témoignent d'une intelligence organique, où chaque construction s'inscrit dans un tissu évolutif, adaptable et humain. On pourrait poser le cas de place Clémenceau avant et après ; avant, c'était un rond-point mais il y avait plus de monde que la place piétonne.

Face à la crise du logement, à la déshérence de certains centres-villes et à l'inefficacité croissante de l'urbanisme bureaucratique, il est nécessaire d'engager une refondation pragmatique et circulaire des territoires urbains. Cette refondation passe par l'abandon des quotas rigides de logements sociaux, souvent imposés de manière aveugle et arbitraire, et le réinvestissement des bâtiments publics inutilisés, en particulier dans les centres anciens. Ces lieux, porteurs d'histoire et d'ancrage collectif, doivent redevenir des foyers de vie.

La transformation intelligente de ces structures existantes pourra se faire via des initiatives public-privé, mais aussi grâce à la mobilisation des services militaires et civiques, qui participeront à la réhabilitation du patrimoine provincial, de certains sites industriels désaffectés, ou encore de bâtiments administratifs devenus obsolètes. Ces actions auront l'effet double de recréer de la mixité urbaine tout en formant les jeunes générations aux réalités du travail, du territoire et de la transmission.

De manière transitoire, des logements provisoires pourront être alloués aux personnes sans-abri qui souhaitent s'engager dans un parcours de réinsertion, en participant activement à ces chantiers de reconstruction, encadrés par un chef de projet opérationnel. Ce modèle réconcilie l'exigence sociale, l'efficacité économique, et la valorisation du patrimoine. Il redonne une dignité d'acteurs à ceux qu'on réduit trop souvent à l'assistanat.

Ainsi, en partant du cœur ancien des villes vers leurs périphéries, selon une logique circulaire et régénérative, il devient possible d'inventer une ville du futur qui ne soit plus un monstre technocratique, mais un organisme vivant, nourri par la mémoire, la solidarité, et l'intelligence collective, tout en concentrant les des différents organismes sur une zone à la fois, ce qui promouvra les relations sociales, les synergies et l'ambiance.

La Franc-maçonnerie opérative

Alors que la franc-maçonnerie spéculative, détachée du réel, semble de plus en plus peser sur la fluidité de l'État et sur l'utilité sociale des institutions, il devient nécessaire d'imaginer une alternative opérative, enracinée dans la pratique et l'initiation par l'action. Ce nouveau modèle, inspiré des anciennes guildes de métiers, pourrait trouver sa place dans une structure civique et militaire rénovée, où l'apprentissage, le service et la transmission seraient les piliers d'une élévation authentique, tant individuelle que collective.

La franc-maçonnerie opérative ainsi conçue se distinguerait par sa dimension concrète : elle s'organiserait en corps de métiers liés aux grands chantiers nationaux et européens — reconstruction du patrimoine, technologies durables, ingénierie sociale, infrastructures. Chaque membre y progresserait selon une hiérarchie naturelle, fondée sur le savoir-faire, l'expérience, la contribution aux œuvres communes. L'initiation ne serait plus symbolique, mais productive et vécue, donnant sens à la fraternité par l'œuvre commune. Elle permettra également une franche revalorisation des métiers manuels et traditionnels et leur implication dans le processus décisionnel.

La partie spéculative ne disparaîtrait pas, mais serait repensée : elle se traduirait par des cours de conscience, où les membres étudieraient notamment le *Livre Rouge* de Jung, le grec ancien, et la tradition spirituelle de leur choix, dans un esprit de confrontation féconde des sagesses. Loin d'un syncrétisme plat, cette pluralité intérieure permettrait un enrichissement réciproque des religions, philosophies et visions du monde. La conscience morale serait ainsi le socle de la compétence pratique, et non son ornement.

Dans ce cadre, la recherche de rentabilité financière immédiate serait volontairement tenue à distance. Les projets entrepris seraient évalués selon leur rayonnement qualitatif, leur efficience durable, leurs retombées sociales, leurs innovations structurelles, et les économies systémiques qu'ils permettent. Il s'agirait non de produire vite et beaucoup, mais de produire juste et bien : architecture de sens, ingénierie de civilisation.

Une telle structure permettrait également une transmission fluide et cohérente des grands projets collectifs, depuis la volonté populaire (référendums), en passant par le Parlement consultatif et populaire, jusqu'à leur garantie monarchique. À l'heure de l'intelligence artificielle, où le design et la communication sont automatisés, cette franc-maçonnerie opérative serait en mesure de réduire les temps morts bureaucratiques, de mobiliser immédiatement des compétences, et de lancer des projets maîtrisés de bout en bout.

Ainsi naîtrait une nouvelle élite : non plus une caste fermée ou spéculative, mais une aristocratie du faire, du sens, et du service.

Frontières, intégration et « Nationalisme Social »

Au risque d'être traité de nazi ou d'indépendantiste basque, je mets en avant le Lauburu, la croix Basque, qui est un svastika ou une croix gammée aux angles arrondis. Il est indéniable qu'Hitler avait eu un certain succès économique dans la mise en place du national-socialisme Allemand, mais qu'il a commis la grave erreur d'y attribuer un pan racial qui n'a de nos jours, dans nos sociétés diverses, plus lieux d'être.

En effet, je pense que nous sommes fins prêts à construire une société avec les gens présents ; peu importe d'où ils viennent ; mais le préalable est de reprendre le contrôle de nos frontières, car impossible de faire société lorsqu'un flux incessant de nouveaux entrants que nous n'avons pas le temps d'intégrer correctement à nos sociétés existantes, engendre insécurité et fuite de nos anciens français qui seraient les plus à même de transmettre l'esprit et la culture ; qu'ils soient des normands, des basques, des vietnamiens, des marocains.

La France a toujours été un pays d'assimilation différenciée, chez elle comme à l'extérieur : ni monoculture imposée, ni multiculturalisme éclaté, mais un équilibre à trouver entre partage de coutumes, transmission intergénérationnelle et respect des apports extérieurs.

Retour de l'artisanat et cultures locales

Il est frappant de voir l'originalité et la diversité des cultures locales, ne serait-ce qu'en Aquitaine. Nos ancêtres avaient tout à fait compris le besoin de différenciation, et ils l'exprimaient dans leurs tenues vestimentaires, leurs coutumes, la pratique de leurs métiers. Il est fort regrettable que la globalisation et l'industrie ait eu pour conséquence la disparition de la majeure partie de la fabrique textile, car c'est dans le textile et la fierté de l'habit que s'exprime le plus clairement cette différenciation. Quand on se balade en Amérique centrale ou en Asie, on croise fréquemment sur le chemin la grand-mère qui continue de pratiquer son savoir-faire religieusement, à tisser, à coudre ou à transformer la matière locale en une matière utilisable. Là, le vieux reste utile, il transmet le savoir-faire, la tradition et il continue de produire. Il a sa place, et la communauté se charge de le nourrir ; de le distraire.

On notera un certain retour au textile traditionnel, local et différencié avec des marques comme Katxi Clothing qui reprennent les symboles de l'identité basque tout en adaptant le textile aux modes modernes. Mais est-ce que ça va assez loin ? Une révolution spirituelle devrait s'accompagner du matériel, et les mariages comme les enterrements devraient être identifiables, les tenues commandées longtemps à l'avance, pièces uniques faites à la main de matériaux nobles et rares dont on pourra observer des exemples au Château de Lourdes. Pourquoi ne pas envisager le développement de tartans régionaux, car il fut un temps où le kilt fut porté dans les montagnes basques et béarnaises, et que c'est une tenue très adaptée à la marche en montagne.

Après tout ; la production a une vertu sociale ; quitte à payer des gens à ne rien faire, on pourrait tout autant développer les activités traditionnelles malgré qu'elles ne soient pas rentables, à première vue. Malheureusement, il semble que le gouvernement comme l'Eglise rechigne à toute activité productive et commerciale, préférant s'octroyer les bâtiments pour en faire des musées ou bureaux qui n'apportent pas grand-chose en termes de dynamique communautaire, puisqu'ils sont toujours fermés. En arrêtant de produire, on trainasse, on boit, on fume. Tant qu'à faire, autant produire.

Le Potlach et la foire au village

Le potlach était, chez certaines nations autochtones d'Amérique du Nord, un rite fondamental : une fête de dons où chaque tribu rivalisait de générosité, sacrifiant ses propres productions non pas pour accumuler, mais pour s'élever en prestige, en autorité morale, en rayonnement. Cette idée m'a frappé lors de ma visite à Lourdes, au festival international des militaires où 80000 d'entre eux se retrouvaient pour 1 semaine. S'y mêlaient fête, culture et religion.

Pourquoi ne pas réactiver ce principe archaïque et sacré, à l'échelle européenne. Une fois par an, dans le cadre du service militaire universel, une grande cérémonie interétatique rassemblera les régiments sortants de chaque pays d'Europe. Ce sera le Potlach Européen : un moment de don, de transmission et de révélation mutuelle.

Chaque nation y enverra ses jeunes, porteurs des dons de leurs producteurs locaux : nourritures, objets d'art, savoir-faire, spectacles, technologies, musiques, machines, habits traditionnels, véhicules transformés, démonstrations de pilotage, concerts, récits de mission, expositions des réalisations accomplies.
Ce ne sera ni un marché, ni une exposition, mais une compétition sacrée de don — où chaque peuple montre ce qu'il est prêt à offrir à sa jeunesse et à ses voisins, au-delà du profit, au nom de l'honneur, de la beauté et de la mémoire.
La hiérarchie ne sera pas imposée, mais émergera naturellement de la générosité, de la créativité et de la grandeur d'âme des nations participantes.

Ce potlach aura plusieurs effets vertueux :
- Créer une mémoire partagée entre jeunes européens par des expériences fortes, communes, festives et initiatiques.
- Élever l'idée de prestige par la démonstration du don et de l'excellence (artistique, technique, spirituelle).
- Faire renaître les cultures locales, en inspirant fêtes de village, musiques et traditions par l'échange.
- Remettre au centre le rôle productif des régions, qui contribueront chacune aux dons offerts aux jeunes.

Ce rite deviendra un repère dans la vie de chaque citoyen, mêlant le sentiment d'appartenance, l'admiration et la découverte, et fondant une Europe des peuples, des gestes et des œuvres, loin des traités secs et des injonctions technocratiques.

Régler le problème monétaire

Les Etats-Unis l'ont bien compris, ils ne vont pas sauver la Fed. La planche à billets a trop chauffé, et ils ont pris les reines du changement de paradigme, duquel nous prenons le total contrepied.

Nos élites, attachées à un modèle français ancestral, qui plus est avec cette interminable guerre en Ukraine, nous mènent vers l'hyper-inflation et la dévaluation de l'épargne. Le système de Bretton Woods est terminé, le dollar US n'est plus la monnaie de réserve et ce système flottant absurde est caput mortem, ce n'est pas l'invention d'une crypto-monnaie européenne qui sauvera le bateau qui coule. L'entité centrale ne veut surtout pas perdre la main sur la création monétaire, mais par ses trahisons internationales elle a déjà annihilé l'élément clé de ses systèmes de paiement et de sa monnaie, c'est-à-dire la confiance. Comment faire confiance à l'UE après les gels des avoirs Russes ?

Il est nécessaire de revenir à un système, simple et efficace, de monnaie de réserve, car la dette est tout simplement destructrice de valeur, c'est simple à comprendre.

Le bitcoin est rapidement en train de devenir l'un des actifs les plus valorisés au monde. Pour cause, il fait tout mieux que les organisations de paiement centralisées. Plus rapide, moins couteux, privé.

Pourtant, les pays d'UE alignés sur Macron tels que l'Allemagne ou l'Angleterre bien qu'elle n'en fasse plus partie, ont vendu ces dernières années l'ensemble de leurs réserves en bitcoin dans une opération absurde à perte de plus de 6 milliards, au lieu de se focaliser sur le développement d'un bon portemonnaie électronique européen. En conséquence, c'est l'ensemble de notre système monétaire qui court à sa perte, et ce sont les géants de la tech qui vont l'emporter, comme ça a déjà été le cas pour Uber, Facebook, YouTube, Airbnb, etc. et il nous restera en bout de route le choix entre WeChat et Twitter, autrement dit entre les US et la Chine... En effet, Twitter (X) se veut être le futur système de paiement avec possibilité de stockage d'identités numériques, stockage de devises digitales, cartes de crédits, etc.

Tout ce qu'il faut, c'est que la France et l'Angleterre franchissent le pas et se décident à accumuler des réserves en bitcoin et en or, par l'intermédiaire de l'épargne s'il le faut, mais il faut qu'elle le fasse maintenant. Un conseil, faites-le donc vous-mêmes...

D'ailleurs ; est-ce quelqu'un saurait où sont passées nos réserves d'or ? Je crois bien que Macron a tout vendu, et votre peau c'est pour bientôt.

Régler le problème comptable

Nous souffrons en France d'un déséquilibre budgétaire évident. Il faut donc, avant toute chose, régler le problème comptable. Nous avons un système qui favorise l'exclusion par trop d'assistanat, et concomitamment un surplus d'un service public non uniforme. Il est nécessaire de rationnaliser et niveler le service public pour y mettre tout le monde à la même enseigne, ce qui inclus réformer d'urgence les retraites qui pèsent beaucoup trop lourdement sur la structure générale de la nation et sur le maintien de notre civilisation.

Certaines dispositions obligent désormais les bénéficiaires du RSA à offrir 15 heures de travail par semaine au gouvernement ou dans l'associatif. Cette disposition pleine de bon sens rapproche le système français du système social Australien, bien plus strict et rigide mais bien réglé, en offrant un simple filet aux inactifs, sous réserve de justifier de la recherche d'emploi et d'accepter toutes propositions d'emplois qui lui est faite, et de participer en tant que bénévoles à la vie de la communauté. Cela résout une partie du problème, qui est de réintégrer et réintéresser les exclus, et de les rendre productifs tout en permettant l'essor des associations d'utilité publique. La deuxième partie du problème, c'est le pool énorme de fonctionnaires, quelques 5 millions. Afin de rendre équitable la contribution, le RSA devrait être revalorisé au minimum horaire de 11.88euros, soit à 712.8 euros mensuels. De même, l'ensemble des postes de base de la fonction publique seront revalorisés à 11.88 euros (avec x% ancienneté), avec une proposition d'échange pour un contrat de 2 jours par semaine. Le salaire dans la fonction publique doit être plafonné autour de 3000 euros. La rétribution sera complétée d'une somme de 200 euros par mois par enfant de moins de 16 ans, par foyer, dès le premier enfant. L'échange de contrat permettra la formation de nouveaux travailleurs afin d'assurer un pool suffisant de personnel formé pour couvrir l'ensemble des besoins. Autant que possible, les rôles d'encadrement doivent être supprimés, les gestionnaires de bureaux, les ressources humaines, et le recrutement être opéré par une période de formation et une cooptation de l'équipe opérationnelle. La satisfaction clients sera juge de la qualité des services rendus, on cherchera ainsi un « enrichissement des tâches » plutôt qu'un appauvrissement et un recours à des agences extérieures ou à de la sous-traitance, et l'initiative personnelle sera encouragée. La réduction de la contribution publique à deux jours par semaine sera en mesure d'accroitre la satisfaction des travailleurs qui ne souffriront plus de la lassitude des tâches répétitives, ce qui sera répercuté sur la satisfaction clients.

Les retraités se verront allouer la même somme de (712.88 euros + valeur dépenses habitations) et pourront s'ils le souhaitent offrir 2 jours de volontariat ou de travail pour compléter leur retraite, jusqu'à sa valeur maximale, dans la mesure du possible du fait de leur santé. De préférence, les retraités seront alloués à des rôles de professorat suivant leurs capacités et leurs désirs, favorisant le transfert générationnel et l'aspect social. Les loyers dans les résidences séniors doivent être plafonnés car il y a là une manne qui est surexploitée par les syndicats et gestionnaires de bâtiment où il n'est pas rare de voir des loyers deux fois supérieurs aux résidences standard. Le montant de retraite résiduel sera utilisé pour assurer la transition vers un nouveau système de retraite par répartition avec un fonds souverain alloué aux Bitcoins et à l'Or. Ce fonds souverain sera garant de réserve de valeur de la création de richesse nationale, d'une part par la production nationale et d'autre part par épargne individuelle encouragée. Ce modèle a fait ses preuves au Salvador et est celui qui est désormais promu par les Etats-Unis. Une fois la transition et le nouveau système stabilisé, nous pourrons revenir à « une épargne disponible » progressivement, par phases. Cette transition permet un partage équitable afin que personne ne se retrouve sans le sou pour vivre, bien que des efforts soient nécessaires chez tous les retraités pour remettre en route le nouveau système, qui allègera considérablement le poids qui pèse sur les jeunes, les actifs et les entrepreneurs. Une épargne règlementaire minimum à déterminer (8% du salaire brut en Australie) sera imposée, ainsi qu'une épargne facultative. Cela permettra d'éviter la fuite des jeunes adultes qui cotiseraient autrement dans le vide et refusent à juste titre de s'embarquer dans cette galère.

L'élément clé ici est la création d'un revenu national de base contributif (712,88 €), associé à une obligation de contribution volontaire sous peine de gel des paiements, et réduction progressive volontaires des contrats publics à 2 jours par semaine, avec valorisation de l'initiative personnelle.
L'ensemble de la fonction publique de base est ainsi nivelé (11,88 €/h + X par année d'ancienneté), les minimums sociaux sont maintenus, la communauté est encouragée à faire plus et les inactifs à travailler.

La gratuité des transports et services publics pour toutes personnes contribuant aux services publics permettra de réduire considérablement l'utilité des contrôleurs dans les transports publics. La généralisation du contrat public de 2 jours par semaine permettra aux employés de libérer du temps pour les initiatives personnelles en facilitant et dérégulant la création d'entreprises individuelles, par la suppression de la réglementation du travail permettant aux entreprises d'employer beaucoup plus aisément, tout en réduisant considérablement les risques qui pèsent sur elles à l'embauche d'un nouvel employé. La cessation immédiate des paiements des minimas sociaux pour mauvaise conduite ou pour manquements à l'obligation de contribution sera la règle. Dans un futur proche, la « bonne conduite » sera établie de manière décentralisée par un système de smart contrat, de notation clients ou d'évaluation circulaire.

L'impôt sur les revenus de moins 30K euros sera exonéré, de même que les impôts sur les plus-values réalisées sur l'or et le bitcoin afin d'attirer et de conserver les investisseurs sur le territoire.

Une solution : la monarchie opérative

Ce système suppose l'abolition du système républicain, et c'est là que le bât blesse en France. Le monarque n'est ni un tyran, ni un héritier de sang, mais un passeur du destin collectif et il fonde sa légitimité sur un pacte monarchique et consensuel, point sur un pouvoir de droit divin. De préférence, le monarque est ici « appelé » par le peuple, ou par les autorités spirituelles, qui n'existent malheureusement pas en France, si ce n'est la franc maçonnerie spéculative qui est garante de... la république. Vous le voyez, l'ouroboros ?

Ici, le monarque prête serment devant le peuple, l'armée, la tradition, et l'avenir, dans un rite de refondation nationale, et le pouvoir est réorienté du consensus technocratique vers l'excellence, l'engagement et la transcendance. La nation n'est plus soumise à des lois abstraites mais à une direction incarnée, régie par l'opérativité, la justice, et le mérite.

De préférence, sur un plan symbolique, le monarque devra siéger doublement à St Germain-en-Laye, pour se séparer de la symbolique Macron / Roi Soleil, et à Pau pour marquer la décentralisation de l'état et en souvenir du bon roi Henry IV.

Il sera nécessaire d'abolir les partis politiques et la démocratie représentative parlementaire éculée et dirigée par les médias, peu agile, ce qui fera faire à la nation de lourdes économies. Nous avons déjà payé notre fameux Tony Estanguet 400,000 euros pour des JO bien réussis, pourquoi ne pas le garder pour établir un plan de long terme pour le sport, ou tout du moins comme ministre des Sports ?

Le Parlement devient ici consultatif et populaire, composé des hauts gradés de la maçonnerie opérative et des représentants de corps régionaux et fonctionnels du peuple, tirés au sort ou désignés par la monarchie opérative sur appel du peuple. Ainsi, le peuple s'exprime et intervient dans le processus législatif et participe aux choix des grands axes de la nation qui s'effectuent par référendum, quand nécessaire.

Le monarque participe également à rendre la justice dans les affaires importantes pour orienter la morale collective, il est le juge des juges et des médias.

Pour ce faire, il nous faudra d'abord virer Brigitte et Macron avec l'aide de l'armée, puis instaurer un gouvernement de transition en y maintenant le premier ministre pour assurer la stabilité dans la transition, avec nomination consensuelle d'un général, chef des armées qui sera habilité, sur accord du monarque, à prendre la direction de la police nationale. Durant cette phase, qui dure 4 ans, nous instaurerons le service militaire obligatoire, et rendrons illégaux les syndicats, agences parapubliques, ordres professionnels et privilèges catégoriels et nous réduirons la fonction publique à son strict rôle exécutif et régalien. Nous nous séparerons de l'autorité de Bruxelles dans l'établissement des lois tout en conservant l'Euro et en réinstaurant un contrôle strict aux frontières pour les non ressortissants de l'espace Shengen.

L'ensemble des salaires et des retraites de la fonction publique seront plafonnés à 3,000 euros nets par mois avec impossibilité de cumul afin d'y voir entrer des personnes compétentes et désintéressées du financier du fait d'une précédente carrière ou d'une passion pour la chose publique, en dehors des membres du gouvernement, hauts fonctionnaires et hauts gradés militaires.

En nous basant sur la remise en place du service militaire avec application immédiate, et la reprise en main des lieux publics inutilisés, nous parviendrons rapidement à établir un fonctionnement stable, et une formation des nouvelles recrues aux besoins immédiats pour cette nouvelle renaissance.

Les études spirituelles seront rendues immédiatement obligatoires dès le collège et les programmes scolaires fortement réorientés vers l'artisanat, la culture locale, nationale, la famille et les bonnes manières avec la décentralisation des directions d'écoles publiques, fondée sur les anciens, les savoirs vivants, l'effort et l'épreuve. Les jeunes hommes et femmes adorent les traditions et l'autorité bien placée.

Les cours obligatoires dès la première année de collège : philosophie, grec ancien, initiation aux religions comparées, coutumes, conscience et choix d'un instrument de musique.
Dès 12 ans les jeunes seront encouragés à rejoindre des ateliers productifs animés par les recrues militaires et les retraités afin de faire émerger des vocations.

Conclusion : Trop de services publics tue le service public

Henry IV a dit : « Un peuple, c'est une bête qui se laisse mener par le nez, principalement les Parisiens. »

Vous l'aurez compris, périodiquement, le serpent se mord la queue, c'est ainsi que fonctionne le léviathan, la bête. L'ère du poisson est terminée, tout comme la république, une opportunité pour l'humanité se présente à nous dans la technologie, mais tout dépendra ce qu'on en fait à titre individuel. En effet, depuis la mise à disposition de l'IA, on dirait que ça s'empire... La république, la démocratie des partis politiques s'effrite et divise mais nous pouvons imaginer un futur meilleur, ou nous laisser mourir...

Arrêtons donc de nous chamailler car d'autre arbres poussent...et surtout n'oubliez pas :

« Bonne cuisine et bons vins, c'est le paradis sur Terre » auquel j'ajouterai aussi bonne musique et beaux habits.

Conclusion Générale

Si vous m'avez suivi jusqu'ici, vous voyez probablement que toutes choses sont connectées, et qu'offrir une réponse pratique à des centaines d'années d'égarement suppose une refonte totale de nos croyances et des systèmes qui y sont, visiblement ou non, étroitement liés et manipulés.

Puisque mon âme me le demandait, je souhaitais ici sonner l'alarme et tenter d'apporter une pierre taillée à l'édifice, ou tout du moins une proposition viable, rétablir une tradition orale ancienne d'étude du réel, du symbole par les œuvres et les textes faisant partie de notre tradition, de notre karma. Vous aurez je l'espère en chemin été amusés, instruits et outrés, ce qui est bon aussi, car tout ceci vous aura fait réfléchir et peut être rendu plus conscients des schémas inconscients qui nous régissent à notre insu et que quelques organisations/individus connaissent sur le bout des doigts et peut-être vous n'y serez plus jamais indifférents.

Les suspicions que j'avais sur l'Australie me menèrent à l'Angleterre ; et c'est là un puissant système bien établi dont il faut prendre connaissance, à défaut de pouvoir le combattre directement ; soyons comme écureuils ; tirons des flèches ; continuons la lutte ; préservons la tradition et ne nous trompons pas d'ennemi.

La contradiction est ce qui caractérise le monde, la seule réponse est l'union des opposés. C'est ce que Dieu veut de nous, des serpents à plumes.

Titres du même auteur déjà parus :

1. Mysterium Australis Partie 1 : Kubrick et l'Etat Profond

2. Mysterium Australis Partie 2 : L'Apocalypse de Logan : Comment pêcher un Léviathan

Titres du même éditeur - auteur à paraitre :

Série Logan, Ruthven & l'incident du Gowrie

- Eliza Logan : Restalrig ou La forfaiture vol. 1
- Eliza Logan : Restalrig ou La forfaiture vol. 2
- Eliza Logan : Saint Johnstoun, John, Earl du Gowrie vol. 1
- Eliza Logan : Saint Johnstoun, John, Earl du Gowrie vol. 2
- Eliza Logan : Saint Johnstoun, John, Earl du Gowrie vol. 3

L'auteur, Héraclès Harixcalde

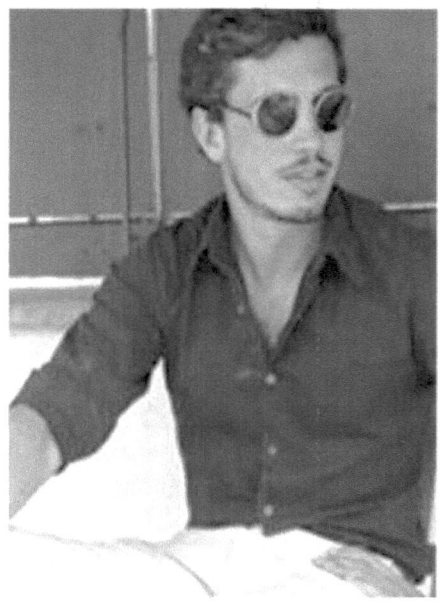

Analyste Franco-Australien en intelligence stratégique, big data et intelligence artificielle pour les services psychiatriques et de santé, CEO de CommUnicorn organisation qui lutte pour la reconnaissance du harcèlement électromagnétique, vient en aide à ses victimes et milite pour un retour à l'ordre naturel.

L'auteur déplore depuis le COVID-19 la déconnexion entre des résultats affichés par les organisations et la réalité du terrain. Le cœur du problème se situe, d'après lui, dans le design et le contrôle des systèmes informatiques et organisationnels dont les acteurs clés sont sous contrôle de puissances occultes et mafieuses dans un réseau mondial d'extorsion.

Le Retour des Templiers est le dernier Tome de la série *Mysterium Australis*.

Monas tri una apud Aegyptios. ἰφι-κυκλο-π̅Ἱεῤμοργ☉

Omnia ad maiorem Dei Gloriam
Virginisque Matris ..